このパワーをあなたに

毎日できる健康生活法

指圧師・生命波動研究家
平石富三

たま出版

はじめに

十八歳の春、もう五十七年も前のことになります。
東京上野は不忍池のほとり、生まれ月日によるおみくじが目に止まりました。
七月四日を引くと、
一行目には、「下《しも》の病気に注意」
二行目には、「知り得たことをしまっておけない性分である」とありました。
一行目はどんぴしゃりでした。小学生の頃から慢性下痢で苦労してきたものですから。
二行目は、はてな？　という感じでした。どういう意味かなと想ったからでした。
でも、このおみくじ、よく当たっていたようであります。

この時のことから十年後に指圧治療院を開業し、もう四十七年の月日が流れております。

その間にいろいろなことを知り、またいろいろなことを体験させられてきました。

二行目の「知り得たことをしまっておけない性分である」——まさにその性分であるのでしょう、浅学菲才をかえりみず、この度の出版ということになった次第であります。

本書が、皆さま方にとって、必ずやお力になれるものと自負いたしております。

・安心立命の境地をお求めのあなたに
・運動不足を心配しているあなたに
・心身の強化を望んでいるあなたに
・疲れがとれずお困りのあなたに
・世界平和のために貢献したいと想っているあなたに
・本当の幸せとは何かを探求するあなたに
・自分とは何か、なぜ生きているのかを探求するあなたに
・人間としてどのような生き方をしたらよいのかを探求するあなたに
・運命を良くしたいと願っているあなたに
・明るい心で元気に生活したいと願っているあなたに
・死後の世界に関心のあるあなたに
・ＵＦＯなどの超常現象に関心のあるあなたに
・何かよい奉仕活動はないかとおさがしのあなたに

読者の皆さま方が本書を読まれ、いろいろと実行なされましたなら、必ずやこれらの回答が得られ、心や体の変化にご満足いただけるものと確信いたしております。

さて、私たちの住んでいるこの日本国は、世界でただひとつの核の被爆国であります。その日本国民である私たちが、これからなすべきことは何か。どうしたら世界戦争を防止できるのか。そして平和な社会・世界を築いてゆくにはどうしたらよいのか。大いに考えなくてはならない事柄でありましょう。

これらの答えも、本書から必ず出てまいります、と自信をもって述べさせていただきます。

なお、本書の最大の目的は、日本国民のみならず全世界の人類が平和（幸せ）になる方法をお教えになられました五井昌久先生（注1）と、その後継者である西園寺昌美先生（注2）のみ教えとその実践方法のご紹介ということに尽きます。

したがいまして、特に五井先生のご著書よりたくさんの文章やお言葉を引用させていただきましたことを記しおきます。

本文を読んでいただくに当たっては、「あ」の項目から「わ」の項目まで、心身などに関する項目があっちへ行ったりこっちに来たりと、面くらうことも多いことでしょうが、目次をご覧になり、ご自分の関心のある項目からお読みになられても結構かと存じます。

最後に、本書により、世界平和の祈りをお祈りするお方が一人でも増え、またその中から一人でも多くの「神人」が誕生されますことを、心よりお祈り申し上げる次第であります。

（注1）五井昌久《ごいまさひさ》

大正五年東京に生まれる。音楽、文学を学び、終戦後宗教活動を始める。白光真宏会を主宰し、祈りによる世界平和運動を提唱して、国内、国外にも共鳴者が多数ふえつつある。昭和四十四年五月、ブラジルの権威ある団体オルデン・ドス・カバレイロス・ダ・コンコルジアより、宗教と哲学の探求者、世界平和のために努力し熱烈なる運動を展開する人道的思想家として、コメンダドールの称号と勲章を贈られた。

昭和四十五年十月、京都における世界宗教者平和会議に日本の代表の一人として出席した。

昭和五十五年八月ご帰神（他界）。

～ご著書『老子講義』（白光出版）より

（注2）西園寺昌美《さいおんじまさみ》

祈りによる世界平和運動を提唱した故・五井昌久氏の後継者として、〈白光真宏会〉会長に就任。その後、非政治・非宗教のニュートラルな平和活動を推進する目的で設立された〈ワールド　ピース　プレヤー　ソサエティ（国連NGO）〉代表として、国内はもとより広く海外で世界平和運動を展開。一九九〇年十二月、ニューヨーク国連本部総会議場で行なった世界各国の平和を祈る行事は、国際的に高い評価を得た。

一九九九年、財団法人〈五井平和財団〉設立にともない、会長に就任。二〇〇八年には西園寺裕夫氏（五井平和財団理事長）と共にインド世界平和賞「哲学者　聖シュリー・ニャーネシュワラー賞二〇〇七」を受賞。二〇一〇年には「女性リーダーサミット」で第一回目の「サークルアワード」を受賞。ブダペストクラブ名誉会員。世界賢人会議（WWC）メンバー。

～ご著書『果因説』（白光出版）より

目次

さ行

た行

な行

は行

ま行

や行

ら行

今、過去を捨て
今、未来を見つめ
今、ただ祈る
世界人類が平和でありますように

あ行

あ…安心立命、このご著書

「このご著書」とは、五井昌久先生のみ教えの基本といわれている『神と人間』のことであります。（五井先生のご著書はすべて白光出版刊です。以下省略させていただきます）

『神と人間』の副題に、「安心立命への道しるべ」とあります。

今現在、この世の中をみますと、地球規模では核戦争や天変地変（異常気象）、テロ行為などの恐怖。個人的には病気や生活の苦しみなど、不安・悩み・苦しみの種は尽きません。

では、この世を安心して暮らしてゆくためには、どのような方法をとったらよいのでしょうか。

私はその解決法として、先の『神と人間』を、自信をもっておすすめいたします。
では、その内容を記してみます。

序文にはじまり、

一、はしがき
二、神と人間との関係
三、実在界、霊界、幽界、肉体界
四、守護神、守護霊について
五、因縁因果を超える法
六、正しい宗教と誤れる宗教
七、私の祈念法
八、むすび
九、問答篇
(1) 人間の誕生について
(2) 産児制限について

(3) 人の一生は先天的か後天的か
(4) 再生する人と再生せぬ人との違い
(5) 異性に生れ変ることがあるか
(6) 人間の能力の差はいかなるところより生ずるか
(7) 誦経は真に霊をなぐさめるか
(8) 無限供給を得るにはどうしたらよいか
(9) 動物霊がつくということがあるか
(10) 何故各国各人種に分れているか
(11) 神事仏事の好き嫌いについて
(12) 幽体はどういう役をしているか
(13) 造物主を認めるキリスト教と認めぬ仏教の違い
(14) 愛と感謝で生活しているのに何故不幸がつづくか
(15) すべてのお札や位牌、神棚を廃せよという宗教があるがいかに
(16) 医学が手に余している病気はどこに原因があるか
(17) 改名、方除けは効果があるか

⑱　平常の心構えについて
⑲　キリストの色情を起す者はすでに姦淫せりということについて
⒇　名前だけ聞いて性格がわかったり、生死がわかったりするのはどういうわけか
(21)　失せ物や犯人を教える行者は正しいか
(22)　霊媒は本当にあの世の人の声をきかせるのか
（附）世界平和の祈り

風韻あるお人　安岡正篤先生（全国師友協会会長）
吾が師を鑽仰す　横関　實、とあります。
この『神と人間』を、ぜひご一読なされますようおすすめ申し上げます。

ここで、二の「神と人間との関係」から、五井先生のお言葉を記してみます。
人間の心の段階というべきものでしょうか、七つの段階が述べてあります。（以下、一～七の数字は筆者付記）。

一、「人間は肉体のみにあらず、肉体のうちに、生命となって活動している何かがある、

と認識して、そうした方向に生きている人。それは天国への階段を一歩踏み出した人である」

二、「人間は霊が主であり、肉体が従である、という思いに入った人。これは同じ階段を二歩三歩昇った人びとである」

三、「人間は神によって創《つく》られた者であって、あくまで神の下僕《しもべ》である。と、ことごとに神の審判《さばき》を恐れつつ、しかし行いを謹《つつし》んで神にすがっている人びと。この人びとは、真の人間観からいまだ遠いが、他人を傷つけぬ場合は、天国の階段を昇り得る」

四、「人間は神によって創られた被造者《ひぞうしゃ》であるが、神は愛であるから、愛の行いを積極的にしていれば、決して自己に不幸はこないのである、と確信している人。この人も天国の階段を昇っている」

五、「神のことも、霊のことも、特別に考えぬが、ただ、ひたすら、素直な明るい気持で、愛他行《たぎょう》をしている人。この人も天国に昇り得る」

六、「肉体界以外のことは知らないが、素直な明るい気持で、愛他行ができ、しかも、神仏の存在を信じ、あわせて、この地上世界が必ず善くなることを信じて生活している人。この人は天国の住者である」

七、「人間は霊であり、肉体はその一つの現われであって、人間そのものではない。人間とは、神の生命の法則を自由に操《あやつ》って、この現象の世界に、形の上の創造を成し遂《と》げてゆくものであると識《し》って、それを実行している人。この人は覚者《かくしゃ》であって、自由自在心である。即ち、個の肉体を持ちながら、みずからが、霊そのものであることを自覚し、その霊とは神そのものの生命であることを識り、神我一体観、自他一体観を行動として表現してゆく人、例えば、仏陀、キリストの如き人びとである」

七の心境になるのはちょっと無理かなとは想いますが、六の心境にはなんとかなれそうな気がいたします。

ただし、この地上世界が必ず善くなることを信じて生活……、とありますが、必ず善くなると信ずることは、なかなか大変なことのように感じられます。

必ず善くなると信じられるようになるために、あとから述べます世界平和の祈りを実践し、守護霊様・守護神様への感謝をつづけて、安心立命の境地に立ちたいものです。

一朝一夕にはゆかないでしょうが、根気よく実行してゆけば、必ずやその境地になれるものと確信いたしております。

最後に、このあと出てまいります五井先生のお言葉を理解するうえで、非常に役に立つと想われます図が掲載されております。

では、その図と説明文を掲載させていただき、次の項目に移りたいと想います。

本文三の、実在《じつざい》界・霊《れい》界・幽《ゆう》界・肉体界よりです。

「第二図の如く、各分霊は霊界に所属しながら、その心（念）をもって各幽体を創造しここに幽界ができた。この幽体は各々の念が記録される場所となる。即ち業因縁の蓄積所である。ここに蓄積された記録や記憶が肉体の頭脳にキャッチされ、考えとなり行動となってゆく。この蓄積された記憶を潜在意識といい、頭脳にキャッチされたものを顕在意識という。怒ろうとせぬのに怒ってしまい、不幸になろうとせぬのに、不幸になってしまう等々、すべて潜在意識（幽体、幽界）からの意識の流れによるのである。この波が常に転回し、不幸の念の蓄積は不幸を呼び、喜びの念の蓄積は喜びを呼ぶという風に、輪のように転回してゆくので、これが業の因縁、因果と呼ばれている」

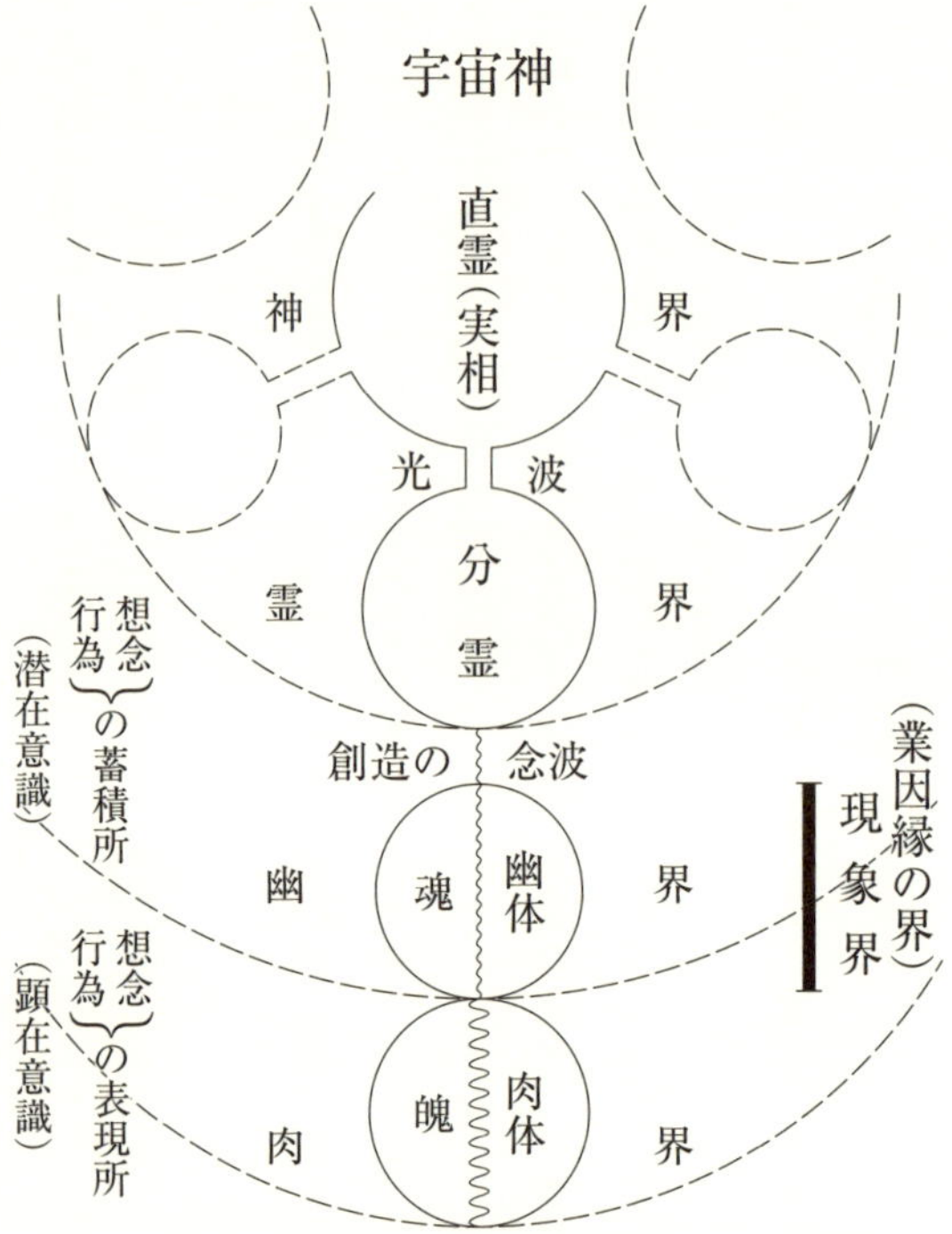
宇宙神
直霊（実相）
神
界
光
波
分霊
霊
界
創造の
念波
幽
界
魂
幽体
肉
界
体
魄
肉体
（潜在意識）
想念
行為
の蓄積所
（顕在意識）
想念
行為
の表現所
（業因縁の界）
現象界

第二図

い…怒れば肝を傷《やぶ》り、思えば脾を患う

「怒れば肝を傷《やぶ》り、思えば脾を患う」

この言葉は、東洋医学ではよくいわれております。

古いもので恐縮ですが、平成四年五月十七日の下野新聞から引用します。

怒りっぽい人ご用心、動脈硬化の危険な要因、と見出しにあります。

「せかせか、イライラ、すぐにカーッとなって怒り出す人は、動脈硬化を起こしやすい。兵庫医大第五内科（杉田實教授）が同科を受診した患者計三十四人を調べたところ、こんな結果が出た。

せっかちな、いわゆるA型タイプの人間は心筋梗塞になりやすいことが知られているが、それに加え、脳梗塞の危険因子でもあるらしく、日ごろからちょっとしたことで腹を立てないように心掛けるようにしたら、と研究を指導した鵜山治講師は忠告している」とあります。（お二人とも肩書きは当時）

そして、同科の大学院生が、頸部《けい》（首）の動脈の硬化度を、超音波装置を使って調べ、性格テストで易怒性《いどせい》（怒りっぽさ）を判定して、頸部の動脈の硬化具合と比較したそうです。その結果は、怒りっぽい度合が強い人ほど、おおむね、頸動脈の硬化度も強かった。ということでした。

なぜそうなるのか。

怒れば肝を傷りと言うとおり、怒りの想いは肝臓の細胞を傷つけてしまうようです。その肝臓は、神経や筋肉・筋膜の働きを支配しているといわれています。そして動脈には平滑筋《へいかつきん》という筋肉の組織が含まれています。

そういうわけで、このテストのように、怒りっぽい人ほど肝臓の働きを悪くしてしまい、その結果頸動脈の硬化度も強かったのでありましょう。

「短気は損気」なんていう表現もあるように、怒りの想いを少なくする、できればなくす努力が必要なことでありましょう。

ではここで、東洋医学でいう五志（感情）と五臓（各内臓）との関係について述べてみます。

『図説東洋医学』（山田光胤、代田文彦著・学習研究社）からです。

「怒↓肝臓　喜（笑）↓心臓　思（慮）↓脾臓　悲（憂）↓肺臓　恐↓腎臓」

このように人間の出す感情と各内臓とが関係している、というのです。感情が激しいほど、各内臓を痛めるようです。

それから七情と気の関係も記してみます。かっこ内は日本語でわかりやすく表現したものです。

怒れば↓気は上昇（カッとなって気が逆上する）
喜べば↓気はゆるむ（うれしくてうれしくて気がゆるむ）
思わば↓気はかたまる（思うことがあって気がふさぐ）
悲しめば↓気は消える（悲しくて生きる気力もなくなった）
恐れれば↓気は下降（恐ろしくて腰がぬける）
驚けば↓気は乱れる（驚いて気が動転する）
憂えば↓気はちぢむ（気をもむ）

いかがでしょうか。なるほどとお想いのお方や、実際にこのような体験をされたお方も多いことでしょう。

では次の、思えば脾を患うに移ります。

脾臓という内臓もありますが、ここでいう脾臓とは、現在の医学でいう膵臓のことと想われます。

長寿の人の信条のひとつに、「くよくよしない」が挙げられています。

この場合の思えばというのは、ものごとを深く考えるとかという思いではなくて、過ぎ去ったことを想い出し悩んだり、まだ来ぬ先のことをくよくよと想いめぐらすといった意味でありましょう。

こういう状態が長くつづくようですと、膵臓から出る消化液の出が少なくなってしまい、体に悪い影響を与えてしまうことでしょう。

よく心配ごとがあると、「飯《めし》ものどを通らないよ」などといいますよね。体によくないことがわかります。

ここで、くよくよしない生き方として、神様まかせでのん気に生きてゆくことをおすすめいたします。やるべきことは一所懸命やるだけやって、あとは神様に一任してしまう生き方は、とても気楽でいいと想いますよ。

私の場合、指圧の道に入ってからは、迷いがなくなったせいか、ずいぶんとのん気になってきました。

すべての想いを消えてゆく姿として、世界平和の祈りを実践してまいりました。きっとそのなかで、いろいろな想いが消されているからでありましょう。

また、ものごとを良い方に解釈する習慣がついたせいでもあるのでしょう。

最後に、『白光日めくり』（白光出版）より、五井先生のお言葉をおひとつ。

19日　汝の運命を汝のうちにある神に一任すべし

う…宇宙子科学、完成待たる

項目名、宇宙子科学の正式な名称は、「宇宙子波動生命物理学」といいます。別の表現では、大調和科学・神科学などともいわれております。

ではさっそく、五井先生著『人類の未来』のうち、世界平和の祈りから生れる科学という見出しからです。

「(前略) 宇宙子波動生命物理学は世界平和の祈りという、純粋なる宗教心から生れ出でた科学なのであります。あらゆる悪も不幸も過去世の業因縁の消えてゆく姿として、すべての想念を世界人類の平和の祈りに投入しきった時、宗教と科学とが全く一つに成った新しい科学が生れ出たのであります。宇宙子波動生命物理学の完成によってのみ、前記の医博の嘆きも、生老病死の人間の苦悩もすべて解決されてゆくのであることを私は堅く信じているのです」

「地球人類の永遠の平和というものは、宗教的には世界平和の祈りによる業想念《わるいこと》消滅、科学的には宇宙子波動の解明とその効用ともいうべき、宇宙子科学の実現から達成されてゆくのである」とあります。

では今度は、その宇宙子科学の根本をなしている宇宙子のことについて、これも五井先生のお言葉で記してみることにいたします。

ご著書『信仰と直観』の、十字架についての章の十字の真意からです。

「人間をはじめ、すべての物質を活動せしめている力は一体何処からくるのでありましょう。この力は大生命の十字の世界からくるのであります。

それでは十字の世界とは、どういう世界なのでありましょう。それは、陰陽の大調和した世界、プラスとマイナスの全く調和している世界をいうのです。いいかえれば、宇宙神のみ心をいうのであります。

現在私たちの研究しております宇宙子科学によって説明いたしますと、宇宙神のみ心、宇宙子科学の言葉でいえば、宇宙心ですが、この宇宙心は、宇宙神の最初の働きかけである、宇宙核を通して、縦に天地を貫いて輝いているのであります。

この天地を貫いている宇宙心のひびきは、七つの宇宙核を根幹とし、縦横の働きとして、宇宙一杯に生命波動をひびかせているのであります。この生命波動の一番最初のひびきを宇宙子科学では宇宙子と名づけていまして、この宇宙子には活動しているものと静止しているものとがあり、いずれもプラスとマイナスがあるのです。この両方のプラスとマイナスの宇宙子が結合したり、分離したりして、この地球界の科学で解明されている、陽子、電子、中間子などといわれる微粒子を形成するのであります。この間の段階は十七段階といわれています。一つの微粒子の中にある宇宙子の数は実に驚く程の数でありまして、数字の桁数は二百桁以上何百桁もの数字を並べる程のものなのであります。

こうした微粒子によって原子ができ、分子細胞組織ができて、私たちの五感に触れる物質が現われるわけなのです。そして一方では、活動している宇宙子の働きは、私たちが、霊と呼びあるいは精神と呼んでいる働きの面となり、物質化されている宇宙子と調和して、その物質、つまり肉体の働きをなさしめるのであります。

こうして、精神と肉体との調和した人間ができあがるのであります。

ところが、この宇宙子の調和が破れますと、そこにすべての不調和が生じてきまして、病気や不幸という、運命上の欠陥が現われてくるのです。それはあたかも、電流がまっすぐ流れていれば、ショートしないですむのですが、その途中になんらかの障害物があると、そこでショートしてしまうようなもので、精神的宇宙子と物質化された宇宙子との交流をさまたげる想念波動がなければ、完成された人間がそこに在るわけなのです。

ここにおいて、十字の重大な意義があり、十字架の深い意味がでてくるのであります」

長く引用させていただきましたが、この五井先生のお言葉を、いっぺんで百%理解できるお方は少ないものと想われます。

とにかく、この宇宙子科学の完成が一日でも早からんことを願いつつ、私たちは毎日世界平和の祈りをお祈りさせていただいているわけであります。

どうぞ読者の皆さまも、世界平和の祈りを実践なされますようにと、心よりおすすめいたす次第であります。

最後に、世界平和の祈りを実践する人が増えれば増えるほど、宇宙子科学の完成が早まるといわれておりますことを記しおきます。

え…円月活法、腰に効く

本題に入る前にひとこと。

この項目や、「て」・「ね」・「ろ」の各項目に出てくる運動法に共通する注意点を述べておきます。

人間の体というのは、個体差があって人すべてにちがいがあります。したがって効果などにも個体差がありますことをお含みおきください。
以下、箇条書きにしてみました。
一、回数や時間などは目安です。自分に合ったものをみつけだしてください。
一、今までの健康法（運動法）はそのままつづけ、これらをつけ加えてみてください。
一、何か症状があり、今現在、病院や治療所にお通《かよ》いのお方は、それらの先生方とよく相談をしてから実行してみてください。
一、もし実行しだして何か症状が出ましたら、一時中断するとか、様子をみるようにしてください。（好転反応といって、以前あった症状が出てくる場合もあります）
一、これらの運動を実行しますと、全身の筋肉が強い力を出せるようになります。それに、全身の関節が柔らかくなってまいります。

なお、実行中におけるケガなどについては責任を負いかねます。実践する際はよく注意しておこなうよう、ご注意のほどをお願い申し上げます。決して無理をせず、コツコツと実行してみてください。

以上ですが、最後の項の証拠はというと、これらの運動を実行しますと、手足にある内

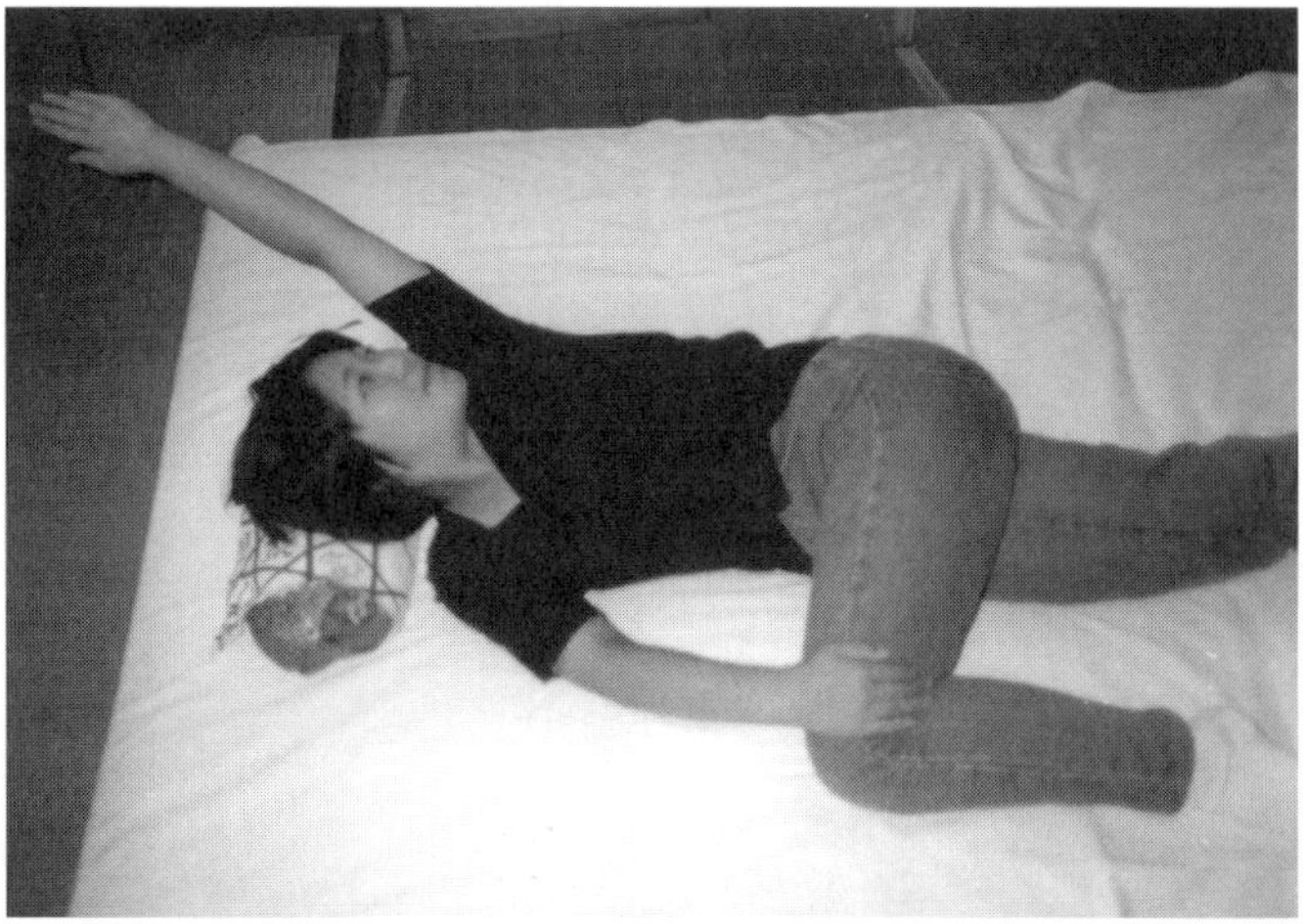

円月活法の姿勢

臓のツボや内臓と関係のある大事な筋肉が刺激されその結果、体が良い方に変化するものと考えられます。

このことについて、やがて医学的に証明される時もくることでありましょう。とにかく実行していますと、体が良い方に変化することが実感できます。ぜひとも実行なされますようおすすめいたします。

ひとことが長くなってしまいましたが、本題に入ります。円月活法のやり方です。

一、写真のように横になり、上になった足を引き上げます。下になった手で膝を上から押しつけるようにして、その膝が動かないようにしてください。

二、次に、息を吸いながら腕を耳に近づけるようにして伸ばします。耳まで腕がきたら今度は息をゆっくり吐きながら、腰をねじってみてください。

その時、目で指先をよく見るようにします。これを七～十回ほどくり返します。腕で円を描くようにするわけです。右が上の場合は時計回りになります。左が上の場合はその反対になります。

三、片方が済みましたら、向きを変えて一～二を同じように実行いたします。

このようにとても簡単な運動です。

実行するのは朝起き出す前と、夜、床についてからの二回が理想的なのですが、朝、時間がないという時には、夜に回数を多目にやってみてください。

もちろん、昼間実行してもかまいません。ただし、食後すぐにはやらない方がよいでしょう。

腰の痛みでお悩みのお方は多いでしょう。こじらせてしまうと、歩行困難になってしまうこともありますので、軽く見ないことが肝要です。

また、内臓の病気が腰痛として現われる場合もあるようですので、腰痛が長びいたりする場合は、内科の先生に診てもらうのが賢明かと想います。なお、腰痛は足の弱りからくる場合が多いですので、「ろ」のその一、「老化防止は片足立ちで」をご参考になさってください。

ご紹介いたしました円月活法は、腰の痛みや重い時にとっても効きます。便通もよくなりますので、コツコツと実行なされますようおすすめいたします。

ちなみに、円月活法という名の由来は、柴田錬三郎氏の時代劇小説『眠狂四郎』からとったものです。主人公の剣法は円月殺法という名でした。その円月をお借りいたしまして、円月活法とさせていただきました。

お…お金ためても疲れためるな

「お金はためてもいいですが、疲れはためない方がいいですよ」

この言葉は、私が指圧を受けにくる人によく言う言葉です。

何か重要な仕事や行事が終わったあとなどに、疲れがドッと出る場合がありますね。ホッとして気がゆるむからでありましょう。
とにかく疲れがある程度たまると、人間は休みたくなるものです。その休み（休養・休息）が充分にとれないとなると、疲れはいや応なしにたまってしまいます。この疲れがたまればたまるほど、病気やケガの原因になってしまいます。
『科学百科』（岩波書店）から疲労の項目を記してみます。

「疲労：身体的または精神的作業をつづけると、作業の質や量が低下することを疲労という。疲労の蓄積は病気や災害のもとになりやすい。疲労感は休息をもとめる生体の防御反応といえる。一日の作業で疲労しても、睡眠で回復することが、健康をたもつための基本条件のひとつである。精神的疲労の回復には、からだの休息よりも、軽い運動が有効なばあいが多い。組織や器官のレベル（筋肉・神経など）でも、長時間継続する活動によって、機能が低下することを疲労とよぶ」とあります。

ここで、この疲労を「つかれ」ということにして、いろいろ考えてみることにいたします。
つかれを「つ」と、「かれ」に分けて考えてみました。なぜこうしたかといいますと、「つ」

の意味が知りたかったからであります。

『アイウエオの神秘コトバの原典』（松下井知夫、大平圭拮著・東明社）から引用させていただきます。

「まだ道具や機械もなかった太古の人類時代、重い物を取除いたり持上げたりするために、満身の力をこめて力《りき》むと、思わず「ウー」と発する。これは太古も現代も変らない。人間が無意識に発する生理的な自然発声であろう。力むとウという、それが意識化されてコトバとなれば、ウ語は当然力（エネルギー）を意味するコトバとなる。

事実、音図の母音ウ段の語は、すべて様々な形のエネルギーを意味する。

これは独断で申上げるのではなく、私たち日本人が日常的に使う基本語で、語尾がウ音でおわるものはすべて何らかの行為行動を示すコトバになることが何よりの証明であろう。語尾にウ段のコトバがつくとほとんど動詞形となることを考えてみても、一層ウ段の位相が明らかである（後略）」

さらに、なかでも、ツに関する表現として、

「着く、尽す、伝う、筒、包む、綴る、努める、綱、継ぐ、詰まる、摘む、積む、円《つぶら》、角《つの》、

強い、つららｅｔｃ。

これら日常的な基本語を掲げてみても、ツ語を主格にしたコトバによって表現されている実態（言＝事）は、すべて集合、集中、結集による充実した力や状態、現象をいっている」とあります。

引用したものの他にも、吊る、釣る、突くなど、ツに関する言葉はたくさんありますね。

これで、「つかれ」の「つ」の意味がわかります。

一方、「かれ」は、枯れる、涸れる、なくなるという意味でしょうから、「つかれ」という言葉からは、心身のエネルギー（パワー）がなくなる、または集中する力がなくなった状態ということでありましょう。

ですから、心身ともに疲れをためないということは、病気やケガ・事故の予防になるということになります。

心も軽く、身も軽いという状態が疲れていないことであり、気が重い、体が重いという状態は、心身ともに疲労しているといえるのではないでしょうか。

疲れをためないということがいかに大切なのか、おわかりいただけたことと想います。

最後に、疲れをためないために、次の三点をおすすめいたします。
一、できれば定期的に指圧やマッサージなどを受けて、疲れを抜いておくこと。
二、日頃、こまめに体を動かすよう心がける。特に手や足をよく刺激すること。
本書でご紹介してありますいろいろな運動法は、これにあてはまると想います。ただし運動もやりすぎれば、疲れをためる原因になってしまうことをお忘れなく。
三、世界平和の祈りを祈り、心の安定と浄化を心がけてみてください。
「き」の項目その二で、「氣の実験と応用編」を述べますが、この祈りを実践してエネルギー（パワー）を充足なされるとよいでしょう。

心身ともに疲れをためないで、明るく元気に暮らしてゆきたいものです。

なお、「つかれ」の解釈はあくまでも私独自の考えですので、ご了承ください。

か行

か…感謝の想いのエネルギー

この世に存在するいろいろな宗教で、およそ神仏への感謝の念を教えない宗教はないことでしょう。

しかし、現実をみれば世界のあちこちで宗教間の対立があり、争いが起こっています。

なぜ、こんな状態になってしまったのでしょうか。そしてその解決策は?

ここでもまた五井先生のお言葉でそのお答えをいただこうと想います。『人類の未来』より引用します。

「地球人類の思想の誤りはいったいどこにあったのでしょう。まず最大の誤りは、人間が神と離れて存在しているものだ、という認識なのです。人間は神のみ心の中にあって生活しているという、一番根本的なことを忘れ去った時から人類の不幸は初まっているのです。そして、今日までその尾をひいていて、今や正に地球人類壊滅の瀬戸際まで追いつめられてきてしまったのです」

「地球人類を滅亡させないために、第三次大戦を未然に防ぐために、皆さんの一人一人が、人類の業想念波動を消滅させる、神のみ光を世に放つ、世界平和の祈りの運動を是非ともやらなければいけないのです。やらなければ世界と共に自分たちも滅亡してしまうのです。世界平和の祈りが持つ光明の塔は、今や厳然として、地球界に光を放っているのです。皆さんの一人一人が、その大光明の光の中に世界平和の祈り言をもって入りきり、自らが光明の使徒となって、自らの周囲に平和の光を放つのです」

「人間はあくまで、自己を赦し、人を赦し、自己を愛し、人を愛して生きてゆかねばならぬもので、その一番最良の方法は、消えてゆく姿と、神への感謝の他にはないと思います。霊文化の進展は次第に急速になり、神霊の出現、宇宙人との提携による神科学（すべてを生かす科学）の発達となってくるでしょう。それまでの私たちの生活は、ただひたすら世界平和の祈りによる、人類の業想念波の浄めに終始していればよいのだと思うのです」

二番目に引用した部分に、「世界平和の祈りが持つ光明の塔は、今や厳然として、地球界に光を放っているのです」とありますが、これは世界平和の祈りを実践している時、そして神様への感謝の想いでいる時でもありましょう。

「き」の項目その二、「氣の実験と応用編」で述べますが、人間が感謝の想いでいる時には、すばらしいパワー・エネルギーを発揮しているのです。ほんとうにすばらしいというか、不思議というか、そのパワーにびっくりいたしますよ。

このパワー・エネルギーの元こそが、五井先生のおっしゃる光なのでありましょう。地球人類の滅亡を防ぐ、大光明波動なのでありましょう。

五井先生のお言葉に、「感謝はひかり」、「全感謝に業はない」がございます。

神への感謝の想い一筋でいれば、すばらしいパワー・エネルギーをいただけるのですから、神への感謝一筋の想いで明るく元気に暮らしてゆきたいものであります。

き…その一、気について

気のつく言葉を記してみます。

やる気がある、気が重い、気をつける、気に入る、気を落とす、気を引く、気にかける、気を配る……。本当に気のつく言葉が多いのにはびっくりいたします。

それから、勇気・陽気・英気などの熟語の気を加えると、その数ははかりしれません。

さらに、磁気、高気圧、低気圧、気流、電気とかいった「気」を考えてみると、すべてエネルギーを持っていることをあらわす言葉なのがわかります。


ここで、我々人間が出している想念にもエネルギーやパワーがある、ということを述べてみましょう。

日頃、日常生活の中で出している想念（心）にエネルギーやパワーがあるといいますと、何だか変な気がすることでしょう。

でも実際に、気力をふりしぼる、断腸の想い、念力とかいう表現や言葉をみれば、想念にエネルギーやパワーがあると考えても、決しておかしくはありませんよね。

とにかく、良きにつけ、あしきにつけ、人間が出している想念にはエネルギーやパワーがあるのです。

もちろん、良い想念（善念）を出している方が、すべてに良いことはいうまでもありません。

業想念（神様から離れた想い）は自分の幽体を汚してしまい、マイナス面になってしまいます。人類的には幽界を汚してしまうということになってしまいます。

ここでもまた、五井先生のお言葉です。

『人類の未来』の中で、雰囲気のことを波動という言葉で表現しております。

「もう今日では、単なる法話は、その時の感激だけで、それ程その人々の魂を浄め去ることはできないのです。ですから私は、黙っていても相手の霊魂を浄めてしまう、光明波動を伝えることに重点をおいているのです。

統一会などはその最もなる例なのです。

波動というものは不思議なもので、言葉でしゃべらなくとも、自然と相手に伝わってゆくのです。普通には雰囲気といわれているものなのでしょう。私から伝わる光明波動は非常に強力で、千人近い人々に一様に伝わってゆくのです」と。

それでは、今までのことをまとめてみましょう。

毎日の生活の中でなに気なく使っている気という言葉と、人間の出している想念とは同じ。そして気と波動とが同じということになれば、気も想念も波動もみな同じものということになるでしょう。

これらは表現こそちがいますが、またいずれも肉眼には見えませんが、この世にあるということにはまちがいのないことでしょう。

「う」の項目で、五井先生のお言葉で「宇宙子」が出てまいりました。

私の考えでは、この宇宙子はこの世でいう「気」のことであると想えてなりません。気という言葉を考え出し、使用してきた先人たちの知恵に脱帽という心境であります。

次の「き」の項目その二、「氣の実験と応用編」で、氣の力（エネルギー・パワー）をご紹介いたします。どうぞお楽しみに。

良い気、良い想念、良い波動を出しつづけて、世界平和実現のために貢献したいものであります。

「ものの考え方が、ガラリと正反対に変わること」を、コペルニクス的転回というそうです。

これからの人類の歩み方としては、まさにこのコペルニクス的転回、つまり、死後の世界や守護の神霊の存在が信じられ、世界平和の祈りから真の平和が実現することを信じつつ生活する。このことが真に必要なのではないでしょうか。

き…その二、「氣の実験と応用編」

「氣の実験」を、合氣道（心身統一合氣道）の故藤平光一先生に教えていただきました。

（合氣道の場合の「き」は、氣の字を使います。）

ではさっそく藤平先生のご著書、『氣の威力』（講談社）からです。

氣の実験をするにあたり、心身統一の四大原則というのがあります。それを記してみます。

◎心身統一の四大原則

一、臍下《せいか》の一点に心をしずめ統一する。
二、全身の力を完全に抜く。
三、体のすべての部分の重みをその最下部におく。
四、氣を出す。

この四つの条件のうち一つでもできていれば、心身統一の状態になるということです。では心身統一の状態とはどのような状態なのでありましょうか。

心身統一とは字の如く、心と体が一つになっているという状態でしょう。

つまり、一の臍下の一点に心をしずめ統一するとは、鎮魂の状態であり、丹田に想いを鎮めている状態といえます。

また四の、氣を出すというのは、善念を出すとか、前向きの心の状態と理解できます。

宗教的にいうならば、神我一体に近い状態といってもよいでしょう。

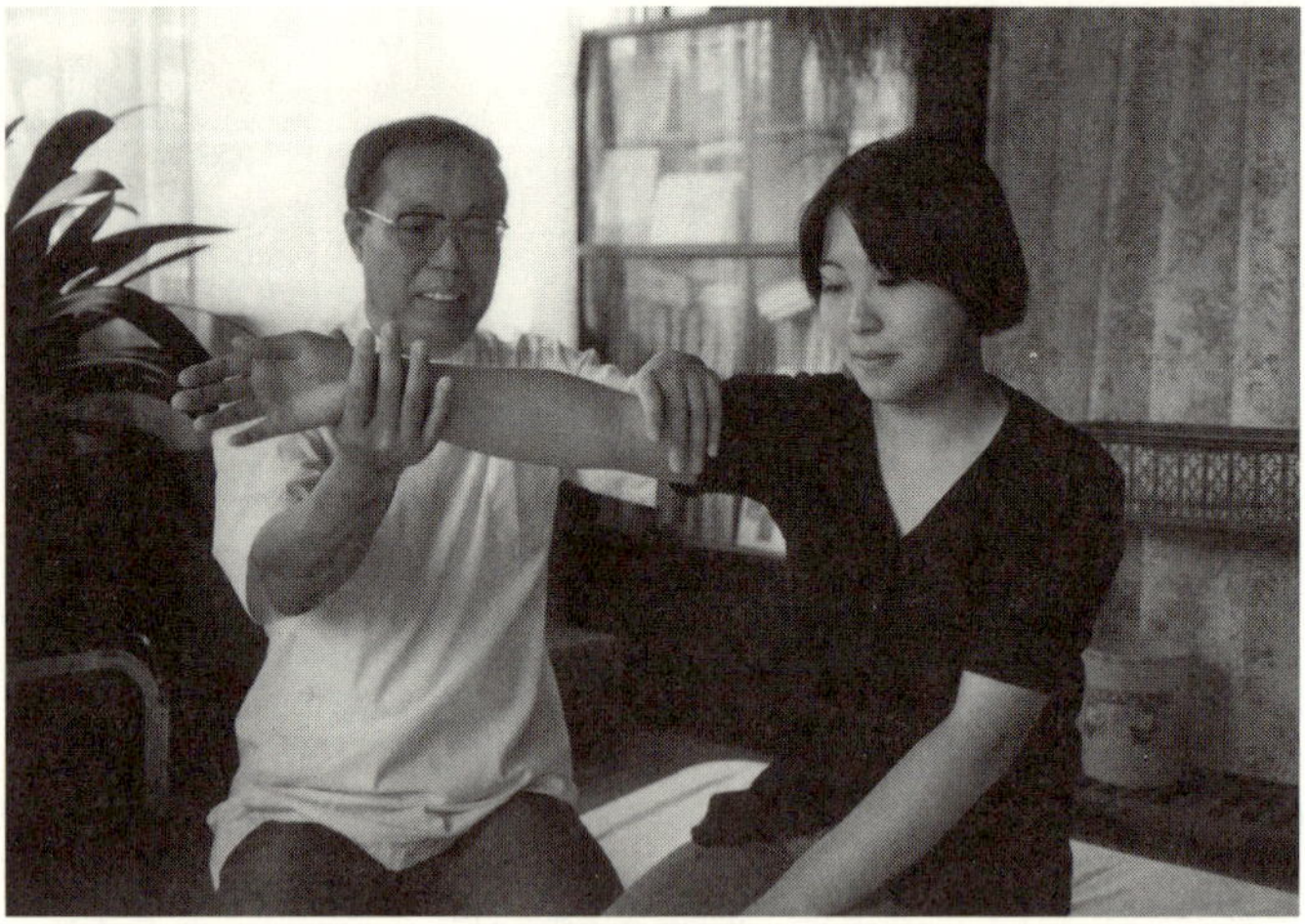

氣の実験

ではこの四つのうち、精神的な条件であります一と四について、氣の実験を体験することにいたしましょう。

二人で実行する場合です。まずは実験の相手をさがしてみてください。

立っていても座っていても実行できます。そのどちらでも、相手の右横に位置した場合で述べてみます。

写真のように、相手の右の腕をまっすぐ前に伸ばしてもらいます。肘《ひじ》と指もまっすぐ伸ばしてもらいます。（親指が上になるようにします。）

次に、自分の左手は相手の上腕部（力《ちから》コブの出るところ）を上から、右手は相手の手首を下側から軽く握ります。

そうしましたら、相手の人には何か別のことを考えていてもらいます。

その状態で相手の肘の関節を軽く曲げてみてください。相手の肘は簡単に曲がってしまうことでしょう。

今度は、先ほどの心身統一の四大原則、一の臍下の一点に心をしずめ統一する、で実験をしてみましょう。

一の状態になるためには、臍《へそ》の下一点を想うことです。これで心身統一の状態になります。（以下、臍はへそと表記）

相手にへその下一点、へその下一点と想いつづけてもらいます。すると臍下丹田《せいかたんでん》に氣がしずまった状態になります。その状態で再び肘を曲げようと力を出してみてください。

さていかがでしたか。相手の肘は曲がらない状態に変化したことでしょう。

今度は四の、氣を出す、で試してみましょう。

はじめは相手の人に何か別のことを想っていてもらいながら、その肘を曲げます。肘は簡単に曲がってしまうことでしょう。

では次に「氣を出す」ですが、これは、相手の人に「指先から氣が出ている、この大宇宙のはてまでも氣が出ている」と想いつづけていただきます。また、もう一つやりかたがあって、今からやるぞという氣、やる氣（前向きの想い）を出してもらうことです。どちらの方法でもけっこうです。

その状態で相手の肘を曲げようとしてみてください。さあ、どうでしょうか。相手の肘は曲がらない状態に変化していることと想います。

なお、いずれも力くらべではありませんので、無理に相手の肘を曲げてやろうとして、力まかせにやろうとはしないでください。関節を痛めてしまっては大変です。

要は心の持ち方次第で、人間の体が、とてつもないパワー・エネルギーを出している状態に、一瞬にして変化するということがわかっていただければよいのです。

これらがすみましたら実験相手を交替して、先ほどと全く同じように実験をしてみてください。

さあ今度はこの応用編を、世界平和の祈りなどとの関連で述べてまいります。

昭和五十七年に合氣道の講習会に参加したあと、ひょっとしたことがきっかけで、いろいろとわかった事柄です。

実験を行う要領は、前述しました氣の実験と同じであります。

まずはじめに、相手に何かを想っていただきながらその肘を曲げてみます。肘は簡単に曲がってしまうことでしょう。

次は相手の人に、「世界人類が平和でありますように」と想いつづけてもらいます。そうしましたら、その状態で肘を曲げようとしてください。

いかがでしたか？　相手の肘は曲がらないように変化したことと想います。

では次に、守護霊様・守護神様と想いながら実行してみてください。

もし神様はちょっと、というお方がございましたら、「大自然さん」とか「大宇宙さん」とか想いながら実行してみてください。

それから、無限なる命や無限なる平和でもお試しください。

最後は、「ありがとうございます」という感謝の想いでも実験してみてください。そのいずれの時も、肘の関節は曲がらなかったことでありましょう。

ではここで、日本語だけでなく英語でも実験をしてみましょう。

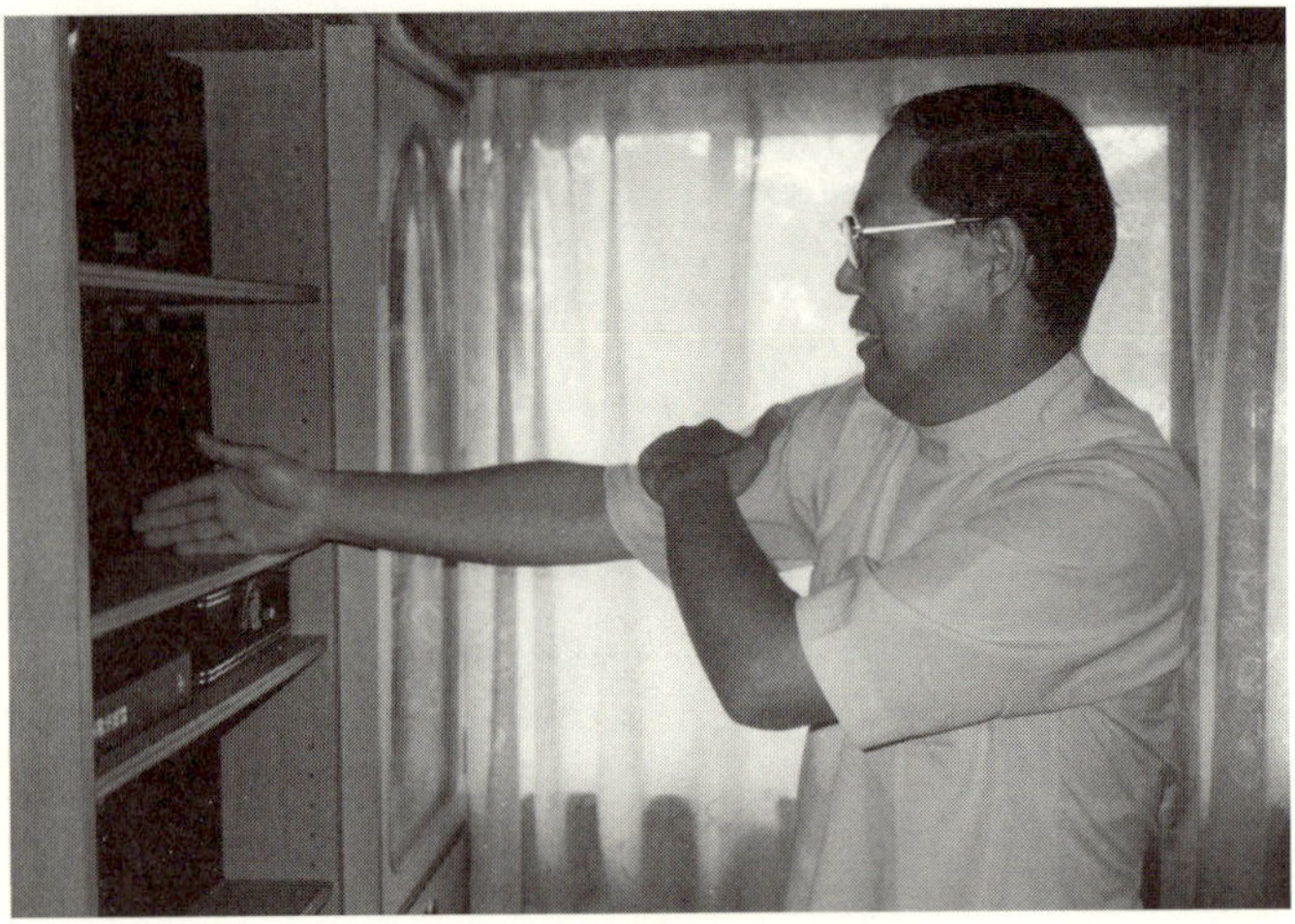

一人で氣の実験をする場合

「世界人類が平和でありますように」は、「メイ　ピース　プリベイル　オン　アース」と訳されています。

それではこのように想い（祈り）ながら、実験をしてみてください。きっと日本語の時と同じ結果になったことでありましょう。

英語だけでなく、他の国の言葉でも同じ結果になることでありましょう。

このように、世界平和の祈りを実践している時や、感謝の想いでいる時には、人間の体は強い氣（パワー・エネルギー）を出していることが、よくおわかりのことと想います。

さて、じつはこの氣の実験が、相手なし

で一人でも実行できることがわかりましたので、忘れないうちに述べておきます。

立っていても座っていても、簡単に実験することができます。

写真のように、机とかテーブルなどの平らな場所に、どちらかの腕と指を伸ばし小指を下にして置きます。

そうしましたら、反対の手で上腕部を上から軽く押し込んでみてください。何かを想いながらですと、肘の関節が曲がってしまうことでしょう。

それでは、氣の実験の一と四で実行してみましょう。

一の場合ですと、へその下一点と想いつづけながら。四の場合ですと、氣が出ていると想いつづけながら、肘を曲げようと力を加えてみてください。その結果は？　肘の関節は曲がらなかったことでしょう。

今度はこの実験の応用編です。

世界平和の祈りの、「世界人類が平和でありますように」で、実験をしてみてください。

次は守護霊様・守護神様や、無限なる命・無限なる平和などでも実験してみてください。

それから、「ありがとうございます」という感謝の想いでも試してみてください。

最後に英語の、「メイ　ピース　プリベイル　オン　アース」でも試してみてください。いかがでしたか、これらのいずれもが、肘の関節は曲がらない状態になっていたことでありましょう。

このように世界平和の祈りを祈っている時や、感謝の想いでいる時には、人間の体からは、すばらしい氣（パワー・エネルギー）が出ているのです。

よく、時間・空間（時空）を超えるなんていう表現がありますね。人間の出している想念（心）がまさにそれなのです。

氣の実験の応用で、「世界人類が平和でありますように」と祈ろうとして、世界人類が……の、「せ」と想っただけで、一瞬にして体が変化してしまうことがおわかりのことと想います。

想いが変われば体も変わるということは、良い想い（善念）を出せばすべてが良い方に変化するといってもよいでしょう。

世界平和の祈りを祈った時には、人類全体の想いの世界である幽界や、個人的には幽体が浄められているといってもよいのです。

このことは、人類や個人の業想念波動消滅のために、絶大なる光明力を発揮しているということでもありましょう。

私がこれまで自信たっぷりに世界平和の祈りをおすすめしております根拠は、まさにここにあるのです。

どうぞ心おおらかに、世界平和の祈りを日常生活の中にとり入れてみてはいかがでしょうか。祈りつづけているうちに、必ずやそのすばらしさが体験できることでありましょう。

なお、氣の実験は、肘の関節の他にもいろいろな形で実験できるのですが、煩雑をさけるために肘の関節だけの実験にとどめました。

氣に関して興味のあるお方は、前述の藤平先生のご本を求められまして、いろいろと実験をしてみてください。きっと氣の不思議さや、そのパワーに驚かされることでありましょう。

その時には、氣の実験の応用編もお試しになってみてください。

く…クエン酸体験記

酢やクエン酸と聞いただけで、唾液《だ》が出てくる人もいるでしょうし、酢の嫌いな人などは寒気がする人もいることでしょう。

酢に対する好き嫌いは多いもので、嫌いではないが摂る機会が少ないという人も多いことでしょう。

これから述べますことは、私が実際に経験したことです。

酢（クエン酸）を摂ることの大切さがおわかりのことと想います。

昭和五十年代の前半だったと記憶しております。

ある日突然、尿の色が濃いコーヒー色になっただけでなく、左の手の平いっぱいに小さな湿疹ができていたのでした。今想うと、肝臓と腎臓の機能が低下していたのでしょう。

その時、病院に行こうという気はおきないで、すっぱい食べ物でよくなるという気が強くしたのでありました。

酢をじかに飲むのには抵抗があったので、夏ミカン（大きくて酸味が強いもの）を食べることにいたしました。

食品市場に勤めている家内の兄に届けてもらい、昼と夜の食後に一コずつ食べつづけました。

するとどうでしょう！　体に良い変化が次々に出てきました。まず、尿の色は三日で元に戻りましたし、湿疹も一週間後にはきれいに消えていました。

さらに驚いたことには、ひと月くらいたった頃です。体重計に乗りびっくりです。当時五十五kgだった体重が、ピンと六十kgになっていたのでした。

このように酢（クエン酸）の効果を身をもって知ったというわけであります。

ではここで、その根拠となるクエン酸回路について述べてみます。一般にはクエン酸サイクルとして知られていますが、正式にはトリカルボン酸回路というようです。

小学館の『大辞泉』より引いてみます。

「生物体中で、有機物が燃焼して二酸化炭素と水になる代謝回路。糖や脂肪酸などの分解によってできた活性状態の酢酸がオキサロ酢酸と結合し、三つのカルボキシル基をもつ化合物の枸櫞《くえん》酸となることから始まり、さまざまな有機酸に転変しながら炭酸ガスと水、エネルギーを生じ、再びオキサロ酢酸に戻り、同様の反応を繰り返す。枸櫞酸回路。クレブス回路。TCA回路」とあります。

クレブス回路とは、このことを発見したノーベル賞受賞者、クレブス博士・リップマン博士のうち、クレブス博士からとって、クレブス回路といわれるようであります。

これをみますと、体内の酸が不足するとこの回路の働きが弱まり、その結果エネルギー不足になり病気の元になってしまうのでありましょう。

今までの指圧の経験で、糖が出ているという人を何人もみてきました。その人たちは、すっぱい食べ物が嫌いだという人がほとんどでした。すっぱい食べ物を上手にとり入れ、糖尿病のみならずいろいろな病気の予防に努めたいものです。

クエン酸などを摂ることはよいことなのですが、すっぱい食品ほど食中か食後すぐに摂るようにしてください。空腹時には絶対に摂らないようにしてください。

ここで『週刊現代』の記事から、クエン酸サイクルに必要な酸とそれを含む食べ物を挙げてみます。

クエン酸として……ミカン、夏ミカン、レモン、梅、食酢など。
リンゴ酸として……リンゴ、桃、梅、ブドウなど。
コハク酸として……アスパラガス、はまぐりなど。

このようにさまざまな食品がありますが、一番手軽なものとしておすすめなのが粉状のクエン酸です。

匂いもなく水に溶けやすく、また値段も高くなく、慣れればとっても飲みやすいものです。私が毎日飲んでいる、粉状のクエン酸をここでご紹介させていただきます。

・ァアッッ～酸っぱいは…健康の素!!

「澱粉醗酵法で造られた自然食品です。クエン酸（無水）・純粋粉酢」…一袋85g入り。
〒299－1151
千葉県君津市中野2－26－11
フリーダイヤル0120－481－903
http://www.sanpis.biz
（価格を含め、クエン酸商品に関するお問い合わせは、右記までお願い申し上げます）

け…健康の条件とは

健康の条件とは？　意外と常識化されていないような気がいたします。読者の皆さんはご存じですか。

よく快食・快便・快眠というのがありますね。この三つが揃えば揃うほど、健康は維持できることでありましょう。

もう少し具体的に考えてみましょう。今までの治療経験や、いろいろな文献からまとめてみました。なお、健康の条件としては血液・脳（神経）などなどいろいろな分野で、それぞれにあるものと想えますが、私の場合、一応専門である筋肉から健康の条件を述べることにいたします。

◎筋肉からみた健康の条件

一、左右の筋肉のバランスがとれていること。

二、全身の筋肉が柔らかいこと。

三、全身の筋肉が強い力を出せること。

筋肉からみた健康の条件はこの三点である、と自信をもって述べることができます。

参考までに述べますと、人間の筋肉には、次の三種類があります。

一、骨格筋。体を動かす時に働く筋肉。構造的には横紋筋で随意筋と呼ばれる。

二、心筋。心臓そのもの。（横紋筋で不随意筋）

三、平滑筋。胃腸や膀胱・動脈にある筋肉で不随意筋。

これらの筋肉が動く（働く）ことによって、人間はこの世に生きているのです（生かされている、いや、いかされているが本当かも）。

では一から説明させていただきます。

左右の筋肉のバランスがとれているということは、左右の筋肉が同じように力を出せる、同じように柔軟性があるということです。

ここで、人為的に左右の筋肉のバランスがくずれた状態を体験してみましょう。

お手数でもお立ちになってみてください。

左右どちらでもよいですから、片方のお尻の筋肉をグッと硬く縮めてみてください。

次に、この状態で前へ歩き出してみてください。硬くした方の足からはけっして歩けませんでしょう。反対の足から歩き出すことになります。

そしてその歩き方といったら、なんとも歩きにくい状態になってしまいますね。

このように、左右の筋肉のバランスがくずれると大変なことになってしまいます。実際に座骨神経痛や、膝関節・股関節でお困りのお方は、先ほどのような歩き方になってしまうでしょう。


次は二を説明いたします。

人間の筋肉というのは、力を抜いている時、柔らかければ柔らかいほどよいのですが、個体差というのがありますので、その人なりに少しでも柔らかくしておく、ということが大切なのであります。

ここでもまた、お尻の筋肉が硬くなった場合で体験してみましょう。

お手数でもお立ちになってみてください。今度は両方のお尻の筋肉をグッと硬く縮めてみてください。

ではその状態のまま、ゆっくり歩き出してみてください。何とか歩けはしますが、その歩幅は狭く、よちよち歩きといった感じでしょう。いっぺんに年寄りじみた姿になってしまいますね。

いかに筋肉の柔軟性が大切であるか、よくおわかりいただけたことと想います。

筋肉は年齢に関係なく、悪い条件があればあるほど硬くなってしまいます。病気の元にもなってしまいますので、筋肉を硬くさせない工夫が必要なわけであります。

もちろん内臓が硬くなっても大変です。

このことは、いろいろな病名や状態をみるとよくわかります。

動脈硬化症とか肝硬変・腎硬化症、他にもなになに硬化症や萎縮症、また脳梗塞や心筋梗塞は、脳や心臓の血管が硬くなったり、狭くなったりした結果、血液の流れが悪くなって起きる病気でありましょう。

では最後に三の、筋肉の強さについて説明いたしましょう。

人体のすべての筋肉が、強い力を出せれば出せるほどけっこうなことであります。が、これにも個体差があります。したがってその人なりに強い力を出せる筋肉を保持するということが、非常に大切になってくるのであります。

これも実際に体験してみましょう。

お手数でもまたお立ちくださいませ。背すじや腰を伸ばしまっすぐ立ちます。

次に両足の指先に力をこめてみてください。こうしますと目線はまっすぐ前を向くでしょう。

これからやるぞ、と気を出している時やものごとを前向きに考えている時には、このようによい姿勢になります。

では、さっき入れていた足の指の力を、ゆっくりと抜いていってみてください。力を抜けば抜くほど、膝の力が抜けて曲がってしまい、前かがみの姿勢になってしまうことでしょう。

ではこの状態で、ゆっくり歩き出してみてください。いかがですか。いかにも人生にくたびれ切ったというような、なんとも情けない姿勢になってしまいますね。心身ともに疲れ切った状態といってもよいでしょう。

このように、特に足の筋肉の力が落ちますと、すべてに悪影響が出てしまいます。

よく老化は足からなんていわれます。「ろ」の項目その一の、「老化防止は片足立ちで」をご参照ください。

人間はいくつになっても若さが大切です。心身を鍛えて若さを保ち、天寿を完うしたいものです。

つけ加えますと、筋肉の性質として、こまめに適当な力を出すということが大事です。特に手や足の筋肉の力を衰えさせないことが大切です。

そのためにも、本書でご紹介してありますいろいろな運動をコツコツと実行なされますようおすすめいたします。

「精神的にみた健康の条件」というのもあろうかと想いますが、これは本書に何回も出てまいります五井先生のお言葉から、その答えは自《おの》ずと出てくるものと想われます。

こ…コリも積もれば病となる

「チリも積もれば山となる」、これは古くからある言葉で、誰でも知っていることでしょう。これをもじったものが、「コリも積もれば病となる」。指圧学校の実技の先生がよくいっていた言葉です。

このコリという言葉から連想できるもの。仕事柄、コリ→硬い→血行不良→冷えた状態→疲労→病気または病的状態、と、すぐに結びつきます。

では、人為的に筋肉のコリを体験してみましょう。

立っていても座っていてもできます。この場合は筋肉が硬くなって、伸びる働きが阻害された状態ということになります。

左右どちらかの手で、反対側の大胸筋（胸にある大きな筋肉）を親指でつかみ、他の四本の指は腋の下に深く入れてやや強く握ってみてください。

そうしましたら、腕をゆっくり上げてみてください。どうですか、少しは上がりますが途中で止まってしまい、まっすぐ上には上げられなかったことでしょう。

次には、腕を後の方へ回すように動かしてみてください。この場合も途中で止まってしまい、充分に後へ回すことはできなかったことでしょう。

これがコリです。体のあちこちの筋肉が、硬くなった状態でそのままつづくようですと大変なことになってしまいます。動脈（主に筋肉の奥まったところを通る）が圧迫される状態になるため、流れる血液の量が少なくなってしまいます。その結果、大事な新陳代謝が鈍くなってしまい、血流だけでなく、神経（微弱な電気の流れ）や、リンパ液の流れも悪くなってしまうことでしょう。

このような状態が長くつづいて改善されないと、いろいろな病的な症状が出てくることは当然といえましょう。

まさに「コリも積もれば病となる」であります。

さて、仕事でも運動でも、その人の体力以上のものが長期間にわたってつづけば、必ず疲労から過労になってしまいます。体のあちこちで筋肉にコリができた結果、それが病気の元になってしまうことでしょう。

筋肉は使い過ぎて手入れが不充分ですと、必ず疲労がたまり硬くなってしまいます。かといって使わないでいると、不動性萎縮といって縮んでしまいますし、また硬くもなります。

筋肉の量が減ると、筋力の低下からやがては病的な状態が出てくる、ということになってしまうのです。ですから、その扱い方はけっこう難しいのです。仕事でも運動でも、ほどほどにが肝要です。

病気の予防・治療、健康の維持・増進、老化防止を望むならば、前項で述べたように、体の左右のバランスをよくしておくこと。全身の筋肉を少しでも柔らかくしておくこと。そして少しでも強い力を出せる筋肉を保つこと。この三点を心がけるべきでありましょう。

それには、いろいろな運動を実行して体を鍛えることのほかに、ここでも世界平和の祈りをおすすめいたします（「き」の項目その二と、「ふ」の項目をご参照ください）。

良いということをつづけていても、もし病気になってしまったら、もうその時は開き直るしか方法はないと想います。

守護霊様・守護神様にすべてを託し、消えてゆく姿で世界平和の祈りを祈りつづけながら、治療を受けることが最良の方法でありましょう。

「し」の項目その二、「生老病死を考える」の、病についてをご参照あれ。

さ行

さ…最大の奉仕とは

次の言葉は五井先生のお言葉です。
「世界平和の祈りを祈ることは、全人類への最大の奉仕である」
何かの文章で読んだ言葉です。資料がなくて、完璧ではないですが、内容的にはまちがいございません。

ここのところ、大きな地震や水害などによるいろいろな被害が報道されています。その復旧活動に心やさしき人々が、ボランティア活動をしている姿も報道されています。

「世界人類が平和でありますように」

文明が進み、交通機関や通信方法の発展により、この地球は本当に狭くなっています。一国の状況が全世界にまで、一瞬にして影響を及ぼす時代になっています。すべての国が平和ならば問題ありません。でもなかなかそうでないのが現状で、地球滅亡の危機さえあるのです。

そんな時に、先ほど記しました「世界人類が平和でありますように」と、世界の人類の平和を祈ることほど大切なことはないと想います。

「う」の項目で、宇宙子科学のことを述べました。そしてこの世界平和の祈りを祈る人が増えれば増えるほど、宇宙子科学の完成が早まるということも述べました。

宇宙子科学の完成により、完全な世界平和が実現するということも述べました。

ごくごく平凡な日常生活を送りながらでも、完全世界平和達成の大本《おおもと》となる、世界平和の祈りをお祈りするということは、それほど大切なことと想います。

このことが人類への「最大の奉仕である」という、五井先生のお言葉をご理解していただけたことと想います。

これから先、読者の皆さま方のなかには、いろいろな場面でいろいろな奉仕活動に、ご尽力なされることもおありのことと想われます。

その時にはぜひとも、世界平和の祈りを実践しながら奉仕活動をなさってください。

それはまちがいなく、世界人類に対する、最大の奉仕活動となることでありましょう。

し…その一、食を考える

最近、糖質制限食とか、一日一食とか、プチ断食とかいった食に関する本がたくさん出版されていますね。いろいろ読んでみるとどれが良いのか迷いそうです。

医食同源という言葉がありますように、食は健康を保つために、また命を保つためにも大切なものであることはいうまでもありません。

ではここで食の内容はともかく、食の基本ともいうべき、とてもすばらしい文章がございますのでご紹介させていただきます。

『かくて地球は蘇る』(西園寺昌美著・白光出版)より、食べ物に感謝すると、人は美しく輝く、という見出しからです。

「近ごろの若い人たちは、自分の肉体を美しく見せるために、とても時間をかけているように思えます。しかし、ただ痩せる目的のためのダイエットは、肉体に無理がかかります。これは間違ったやり方です。どこに間違いがあるかと言うと、自分の命は、他の命の犠牲の上に成り立っているという根本的な認識が欠けていることです。

食べ物を頂く時に、「ああ、私の命は多くの犠牲によって存続するんだ。有難いことだ。お米さん有難う。植物さん有難う。動物さん有難う。あなたたちの命が私の体の中で生きるのです」と、そう思って感謝すると、肉体に入った肉や野菜は、細胞の中で感謝の働きをもって存続するのです。

人間も動物も植物も、生きとし生けるもの、宇宙に存在しているものはすべて大調和に向かって進化していくものです。一瞬一瞬、調和に向かって進化してゆきます。

そうしますと、食べた物は、体の中で調和していこうという目的があります。それなのに、「まずい、美味しくない」と、動植物が捧げてくれた命に対して不平不満を浴びせつづけたならば、そのマイナスのエネルギーによって、体の中に入った動植物は、調和する目的を果たさず、その天命が完うできなくなってしまいます。

私たちは拒食症や肥満を何とかしようとする前に、食べ物に対する感謝の心が大事なのです。

人類一人一人が自分の命の尊さを知ることです。

自分を美しく見せるということは、他から見て美しい、他から見て素晴らしいのではなく、命として輝いているかどうかです。それが原点なのです。それを見失うと、自分がどのように生きているかも分からなくなってしまいます。

若い人たちが自分の肉体を美しく輝かせたいと思うならば、食べ物を一つ一つ感謝して頂くことです。感謝すればたくさん食べられないのです。感謝すれば食べた物は体の中で調和しようとする働きがあるからです。

「世界人類が平和でありますように」という祈りは、生きとし生けるものすべてが調和し、それぞれの天命を完うしながら生きてゆけるようにという祈りです。すべての犠牲によって人間だけが存続するということは、有り得ないわけです。この祈りは、生きとし生けるものすべての天命が完うされるよう働きかけます。

食べ物に対して一つ一つ感謝できなくても、ただ頂く前に「世界人類が平和でありますように」という祈りを忘れなければ、肉体が自然に調っていくはずです」

読み終えて、反省させられることがたくさんありました。何といっても感謝の想いで頂くという基本を忘れてはいけない。プラス世界平和の祈り、このことを強く肝《きも》に命じた次第です。

読者の皆さまもさっそく実行してみたらいかがでしょうか。そんなに日がたたなくても、きっと美しく輝くすばらしい体に変わってゆくことでありましょう。

し…その二、生《しょう》老病死を考える

生《しょう》について

釈尊は人生の四苦として生老病死をあげ、これらの問題を超越するにはどうしたらよいかと悩み、すべてを捨てて修行の旅に出られ、難行苦行の末についに悟りを開かれたという話は有名であります。

この釈尊のみ教えが仏教として、今日まで伝わっているわけであります。

生には、いのちや生まれるという他にもさまざまな意味がありますが、ここでは生活の生で考えることにいたします。


人間長くこの世に生活していますと、良い時だけではなく不幸や不運の時もあることでしょう。

では、五井先生のお言葉で、事故を含めた不幸・不運といったものは、一体どうして起きるのかを記してみます。

『人類の未来』より引用します。


「自己の生命の磁場（肉体幽体）が汚れますと、それを洗い浄めようとして、生命の本源から強い力がでてきますので、その強い力に押されて、汚れが外部に出されてゆきます。この汚れが取れてゆくに従って、生命が輝いてゆくわけですが、この汚れの取れてゆく姿が、肉体的にいえば病気の症状であり、運命的にいえば、不運や貧乏ということになるのです」

次に『神と人間』より、守護霊の動きとして、

「守護霊は、霊界、幽界、肉体界と三界を通して働ける者なので、幽界において、できつつある運命、あるいはすでにできあがって、時間の経過につれて自然に肉体界（現界）の運命として現われようとする悪想念の結果（因果）を、あらゆる手段をもって、その人の運命として現われぬように修正してゆく」とあります。

つづいて、再び『神と人間』より、

「人間が運命を改善し、幸福になりたいとするならば、ただ、守護霊に自己の運命を委せればよい。守護霊さん、ありがとうございます、守護神さん、ありがとうございます、神様、ありがとうございます、と常に感謝していればよい。この心が神への全託なのであり、守護霊の活躍を充分にさせる一番よい方法なのである」とあります。

長い人生には、山もあれば谷もあります。対人関係や仕事・健康のこと、家族のことなどで悩んだり苦しんだりと、辛い時も多いものです。

この辛いことの多い人生を、楽しくしかも力強く生活してゆくには、やはり一本筋の通った生き方が望まれるのではないでしょうか。

最後に、『白光日めくり』という日めくりの中から、五井先生のお言葉をご紹介させていただきます。

すべて運命に関するものです。

8日…自己の信念の下に人事を尽した時運命は開かれる。
19日…汝の運命を汝のうちにある神に一任すべし。
25日…現われてくるものに恐れず断乎としてこれでよくなると想え。
26日…どんな運命も必ず変る運命の悪さをすべて否定せよ。
27日…神様はどたんばにきて必ず救ってくださる。

28日…一番せっぱ詰った時が幸福への門が開きかけている時だ。

これらの五井先生のお言葉をくり返し心にしみ込ませ、この人生を力強く生きていって欲しいと願うのみでございます。

し…生《しょう》老病死を考える

老について

ＰＨＰ研究所の『ほんとうの時代』という月刊誌、平成二年十二月号より引用します（これも古いですね）。

ご用心！　四十五歳からの「おっくう意識」症候群という特集記事です。筆者は、東京都立大学教授の詫摩武俊氏です。（肩書きは当時）

年をとっても、心身ともに老けこまないための対策（三点）が述べてあります。

一、人間に関心を持つこと…人間が人間についての関心を失ったら、心の老化は急速に進む。生きている人間に関心を持ち続けることがまず大切である。

二、新しいことを習得するよう努めること…自分の心や体に自分で活力を与えることが、億劫《おっくう》感にとらわれないために必要である。

三、未来を志向すること…同じ年齢であっても、なすべき仕事のたくさん残っている人、自分で判断し、自分で責任を持つ仕事を持っている人は気持ちが若々しいものである。

このように記してあります。

では、この三点について、私の考えを述べることにいたします。

人間に関心を持つこと。

それには自分とは何かとか、自分がこの世に存在する意義とは何かということを、真剣に求めてゆくことがよいのではないでしょうか。

次に、新しいことを習得するよう努めること。

それにはいろいろな創作活動もよいでしょうし、何か趣味をみつけることもよいでしょう。

それ以上におすすめなのが、世界平和の祈りを生活の中にとり入れることです。今までとはちがった生き方を模索してみるのもよいのではないでしょうか。

未来を志向すること。

自分を含め全人類の幸せを願い、世界人類が平和でありますように、と祈りつづける心こそ、最高の未来志向ではないでしょうか。

今現在の想念（想い・心）が、未来の運命を創り出すといわれております。

自分を含め全人類の平安を祈る、世界平和の祈りのある生活こそ、輝かしい未来を約束するものではないでしょうか。

老いは若死にでもしないかぎり、誰にでも必ずやってきます。今は若いからといっても、時の流れはあっという間です。

若いうちから心身を鍛えて老いに備えるということは、超高齢社会を生きている現代人にとって、各人がなさねばならない努めであると想えてなりません。

「ろ」の項目その一、「老化防止は片足立ちで」をご参考になさってください。

し…生老病死《しょう》を考える

病について

生老病死を考える、の生の項で、五井先生のお言葉「病気というのは肉体幽体の汚れが、生命の本源からの強い力によって洗い流され、消されてゆく姿である」を記しました。

病気予防のために良いということを実行していても、病気になってしまうことはあるでしょう。

その時どのようにしたらよいのか、五井先生のお言葉をご紹介させていただきますので、どうぞご参考になされますように。

昭和四十九年十一月号の『白光』（白光真宏会の月刊誌）からです。この号のご法話として、「病気についての宗教観」が掲載されています。

肉体の病気に冒《お》かされない本心という見出しからです。

「病気というものは、地球の業であれ、人類の業であれ、自分自身のものであれ、ともかく幽体に蓄積された、過去世から、今日に至る、業想念波動の消えてゆくために起っている症状なのですから、病気という症状に現われたら、あゝこれで悪いものが消えてゆくのだ、これで良くなるのだ、と想って祈りつづけることが必要なのです。

どこが悪い、ここが悪いということは、お医者さんなり、治療師なりにお任かせしておいて、自分は、消えてゆく姿で、世界平和の祈りをしていればよいのであります。要は、自分の想念を曇らせたり、不安な想いを出したりしては、せっかく消えてゆこうとしている、業想念を抑えてしまうことにもなり、また新しい業想念を加えてしまうことにもなるのです」


また、病中はひたすらなる神我一体化を行じようという見出しでは、

「病気の症状というものは、神の愛と調和のみ心を外れた想念波動が、幽体から肉体に毒素となって集まり、その毒素が、人間本来の完全性を維持するために働いている、神の力の治癒力によって、表面に表われて消えてゆこうとしている状態のことなので、消えてゆくものを素直に消させてしまえばよいわけなのです。

その間の苦痛の想いは、ひたすらなる祈りによって、神のみ心の光明波動に同化させてゆけば、この苦痛も軽減されてゆくのであります。要するに病気になったら、不安の想いを起こしたり、あわてふためいて、ますます不調和な想いを多くしたり、自分や人を責め裁くような想いになったりせずに、医者にかかりたかったら医者、治療師にかかりたかったら治療師に体のことは任せて、ひたすらなる祈り心で、神との一体化を行じてゆくことが必要なのです」とあります。

さらに、病気は魂の進歩を早める絶好のチャンス、という見出しでは、

「病気の時程、魂の進歩が急速になされることはありません。健康の時にはみつめもしなかった、人間の心の奥の世界をみつめる絶好のチャンスが、病気の状態の時なのです。ただ単に病気を忌《い》みきらい、病気を恐れることはありません。守護の神霊方が、その人の魂の進化のために今、病気の症状を現わしたほうがよい、と思われれば、病気の症状が現われてくるでしょうし、貧乏の経験を積んだほうがよいと思われれば、貧乏の状態が現われてくるでしょう。

人間は常に、何事が起きても、不安動揺の想いを起こさぬよう、日頃から心がけなければいけません」とあります。

最後の「何事が起きても、不安動揺の想いを起こさぬよう、日頃から心がけなければいけません」は、とても大切なことであると想います。

実際に私も体験しましたが、不安動揺の心は芯《しん》から体を痛めてしまいます。

不安動揺の心を起こさないということは、一朝一夕でできるものではありませんでしょう。やはり、日頃の精進が大切である、これはまちがいのないことでありましょう。

先ほど述べました私の体験談は、「ほ」の項目その一、「暴飲暴食をするよりも」で述べることにいたします。

ということで、不安動揺の心を起こさないようにするための方法として、「消えてゆく姿で世界平和の祈り」をおすすめいたしつつ、この項を終えることにいたします。

し…生《しょう》老病死を考える

死について

常識的にみて、人間にとっての最大の恐怖は「死」であろうと想います。

生を考える時、死は切り離せないものであり、生を真剣に考える時、死もまた真剣に考えてしかるべきでありましょう。

人間の誕生、その人生、そしてその死を考える時、命の不思議さ、神秘さに驚嘆せざるを得ず、それにも増して生あることのありがたさに、ただ感謝あるのみであります。

ところで、死後の世界の存在を信ずるかと聞かれたら、私の答えは、「死後の世界があるかどうかは、まだ完全にわかってはいないが、やがては科学で死後の世界の存在が実証される日がきて、それが常識になってゆくことでしょう。もちろん今現在、死後の世界の存在をかたく信じています」となります。

では、またここでも五井先生のお言葉をお借りいたしまして述べることにいたします。

『神と人間』からです。

「現代人の大半は、死んでしまえばそれまでである、と肉体消滅によって人間の生活は終了する、と思いこんでいる。この考えほど、人間の神性を隠蔽するものはないのである」

五井先生は死後の世界の存在を説いておりますから、死後の世界の存在を否定するという考えほど、人間の神性を隠してしまうものはないということなのです。

死んでしまえばそれまでよ、という考え方では、生きているうちに好き勝手なことをしてしまえ、というような生き方になってしまう可能性が大です。

そうなれば肉体（自己）中心的な考えになり、精神的な向上心はうすれ、社会的モラルの低下にまでつながり、人間の心の成長という面からすれば、大きなマイナス点であろうと想えます。

でもやがて宇宙子科学の完成の暁には、死後の存在を否定する人もいなくなることでありましょう。

最近では臨死体験のテレビ番組があるように、今日の医学・科学でもだんだんと死についての探求がなされております。安心立命のためにも、死後の世界を認め信ずることはとても大切なことと想えるのであります。

では最後に、村田正雄氏の著書『私の霊界通信第二巻』(白光出版)の裏表紙にある一文を載せ、「生老病死を考える」の締めくくりとさせていただきます。

「人間は肉体だけをもった生物ではない。肉体というものは、人間という生物が、一時の間まとっている着物にすぎない。その着物が汚れたり破れたりすれば、当然他の着物に着かえなければならぬように、汚れ破れた着物は脱ぎすてられる。

肉体はそういうものである。

そして肉体を脱ぎすてた生命は、霊体或いは幽体をつけて死後の世界の生活をつづけてゆくのである。

人間生命の真理を知っている者にとっては、生も死もないのであって、ただ永遠の生命の限りなき創造があるのみなのである」

す…膵臓《すいぞう》も大事な臓器です

およそ大事でないものは人体にはありません。すべてが大事だからあるのです。あたり前ですね。

肝腎要《かんじんかなめ》、じんは心臓の心ではなく腎臓の腎を使いました。

その肝臓と腎臓の他に、膵臓という臓器も大切な臓器です。その膵臓の病気（特に膵臓ガン）は見つけにくいといわれています。

先の肝臓・腎臓とともに、糖尿病と関係深い臓器が膵臓です。膵臓から分泌される、インシュリンというホルモンが関係しているからです。

糖尿病という病気は単に尿に糖が出る、といった簡単な病気ではないようです。進んでしまいますと合併症といって、いろいろなところがだめになってしまう恐い病気です。

肝臓との関係でいえば、眼に出て、網膜症から失明することもあり、腎臓が悪くなると人工透析になってしまう場合もあります。そして末梢の神経・血管がだめになり、足の切断ということもあるようです。糖尿病から認知症やガンも誘発されるようですので、ますますやっかいなことになってしまいます。

病気はなんといっても予防が一番です。糖尿病の予防に挙げられるのは、次のようなことです。

◎運動不足の解消に努める

適度な運動の他には、指圧・マッサージなどを受けて全身の血行をよくして、各内臓の働きを活発にしておくことが大切です。

◎糖質の摂取を調整する

これが一番大事です。いろいろな本が出版されていますので、自分にはどれが合うか、経験されるのもよいでしょう。

私がいろいろ読んでみて、おすすめしたい本がございます。それは、『50歳からは炭水化物をやめなさい』（大和《だいわ》書房）です。副題に「病まない・ボケない・老いない腸健康法」とあります。著者は、東京医科歯科大学名誉教授・藤田紘一郎氏です。

この書の第一章に「白米」「パン」「うどん」は50代以降には御法度！という項があり

ます。

「日本糖尿病学会推奨のカロリー制限食では、人が活動するエネルギーを確保するために、糖質もきちんととるべきだと指導します。

しかし、その指導には、「若者と中高年では、メインとなるエネルギー生成系がすでに違っている」という大前提が抜け落ち、若者の体も中高年の体も一律に捉えられています。

これはあらゆる健康療法やダイエット理論に通じる問題点だと私は考えています。

「解糖エンジン」がメインの若者の体には、エネルギー生成の燃料となる糖質が確かに必要です。しかし、50歳を超えても高糖質の食事を続けていると、体内から発生した大量の活性酸素に細胞や組織が傷つけられ、四大疾病をはじめとする多くの病のもとが作られ、老化した細胞も増えていきます。

50歳を過ぎた頃から病に倒れる人が多くなるのは、メインのエネルギー生成系が切り替わったのちも、変わらず高糖質の食生活を続けていることに一因があると私は考えています。

50歳を過ぎたら、糖質をとる必要はなくなります。こんなことをいう私も、もともとは白米もパンもラーメンも大好きです。しかし、二回目の糖尿病の治療中は、主食をとることをいっさいやめました。糖尿病を克服してからは、朝と夜は主食を抜き、昼食はお楽しみ程度に五穀米や玄米を少量だけ食べます。

五穀米や玄米など全粒穀物は、食物繊維が豊富であり、血糖値をいっきに上げる心配がありません。食物繊維のおかげで糖質の吸収がおだやかになるため、「解糖エンジン」が瞬間的に動き出すのを防げます。主食をとるときにはこうしたものを選び、少量だけ楽しむようにします。一方、白米やうどん、パンなど白く精製された食品は避けます。

これまで高糖質の食事を続けてきた人は、ご飯をやめることに不安を感じるかもしれませんが、イモ類や豆類などでんぷん質の多い野菜にも糖質は豊富です。イモ類や豆類は食物繊維が多く、糖の吸収がおだやかですし、腸の健康に必要不可欠な食品ですからとくに控える必要はありません。

これらを食べていれば、ご飯を食べずとも、糖質不足の心配はなくなります。大事なのは、「解糖エンジン」を瞬間的に働かせるような、白く精製された糖質を避けることです」

藤田先生ご自身の体験をふまえた文章で、説得力があります。

実際に私も、この本を読んだあと毎朝食べていた食パンを止めたら、短期間のうちに体重が三kg減った体験をしています。

◎過食をしないこと

これはいうまでもないことでしょう。それに加えて食中か食後に、クエン酸などのすっぱいものを摂ることをおすすめいたします。

クエン酸などのすっぱい味のものは、食べた物が熱量を出すために使われる大事な物質であるからです。

「く」の項目、「クエン酸体験記」をご覧ください。

◎気持ちの持ち方も大切

くよくよせずに、常に前向きの心をもった生活を心がけるとよいでしょう。「い」の項目をご参照ください。

糖尿予備軍が何百万人もいると聞きました。自分は大丈夫、という思い込みが一番恐いです。今は糖が出ていないからと油断をせずに、いろいろと試すことも大切でありましょう。

糖尿病にならない工夫を、いろいろな面から実行なされますよう願っております。
玄米の栄養はそのままで、白米のようにおいしく食べられる金芽米《きんめまい》というものもあります。金芽ロウカット玄米で検索してみてください。

せ…世界平和の祈り（その一）

人類の最大の悲願は、「完全な世界平和」でありましょう。今までに何回か出てきました世界平和の祈りは、まさにこの悲願を達成させる唯一の方法であると断言することができます。

ではさっそく五井先生が提唱されました、世界平和の祈りをご紹介させていただきます。英文による表記は省略させていただきました。『白光』より引用します。

世界平和の祈り

世界人類が平和でありますように
日本が平和でありますように
私《わたくしたち》達の天命《てんめい》が完《まっと》うされますように
守護霊様《しゅごれいさま》ありがとうございます
守護神様《しゅごじんさま》ありがとうございます

この祈りは五井先生《ごいせんせい》と神界《しんかい》との約束事で、この祈りをするところに必ず救世《きゅうせ》の大光明《だいこうみょう》が輝き、自分が救われるとともに、世界人類の光明化《こうみょうか》、大調和に絶大なる力を発揮するのです。

これが世界平和の祈りとその説明文でありまして、五井先生は消えてゆく姿で世界平和の祈り、という方法を教えてくださいました。
五井先生のお声に合わせてお祈りすること（録音テープによる）、につきましては省略させていただきます。

では日常生活の中で、どのようにお祈りをしていったらよいか、などについて述べてみたいと想います。

人間が眠っている時以外、つまり目が覚めてから次の眠りにつくまでに、必ず出しているものがあります。それが想念（心・想い）と呼ばれているものであります。

この想念のあり方が、個人ひいては人類の運命までも左右するものであるということを、五井先生のお言葉で何回か述べてまいりました。

世界平和の祈りは、「ながらの祈り」といわれています。

仕事中でも、炊事をしながらでも、歩きながらでも、乗り物の中ででも、風呂やトイレに入っていてでも、食事をしながらでも、とにかく目が覚めている間は、いつでもどこでもお祈りすることができるのです。

誰もいない場所でしたら声に出してもよいでしょうが、人のいるところでは声には出さず、心の中でお祈りするのが無難でしょう。

お祈りをするには、先ほどの世界平和の祈りを心の中で想えばよいのです。どのような状態で想ったとしても、世界人類が平和でありますように……と想えば、これでもう、世界平和の祈りを実践したことになるのです。

仕事の内容によっては、仕事中は祈れない場合も多いことでしょうから、お仕事の前にお祈りをしておかれたらよいでしょう。

五井先生は消えてゆく姿で世界平和の祈り、ということを教えてくださいました。では、消えてゆく姿とはどういうことでありましょうか。

この世の中のすべての苦悩というものは、個人や人類の業想念（神のみ心から離れた想念）が、この世にその運命となって現われて、消えてゆく時に起こる姿であると説明されております。

ですから個人的な場合でみれば、自分の心の中の暗い想い、醜い想い、憎しみや恨み、怒りや悲しみの想い、いろいろなことに対する不安の想いなど、次から次へと出てくるあらゆる想念を、ああ、これらはみんな消えてゆく姿なんだ、現われてこれで消えるんだ、これで心がきれいになってゆくんだ、ありがたいことだと想って、世界人類が平和でありますように、とお祈りすればよいのです。

これが消えてゆく姿で世界平和の祈りという内容であります。

もちろんそこには反省の心や、消していただけるという守護霊様への感謝の想いが根底にあってのことであります。

このことを毎日の生活の中で、根気よくつづけてゆけばよいのです。業というものは有限で、その業が消えれば消えるほど、人間の本心（良心）、すなわち神のみ心が、無限なる命、無限なる愛、無限なる平和、無限なる幸福、無限なる喜び、無限なる若さ、無限なる健康などといった形（完全円満な姿）となって現われてくるのです。

何かと忙しいこの時代にあって、精神的な修行のために、多くの時間をさくことは困難なことでありましょう。

ですが、世界平和の祈りは、いつでもどこでもお祈りすることができます。お祈りできる機会には、どうぞ世界人類が平和でありますように、と心の中で想ってみてはいかがでしょうか。

ここでもうひとつ大切なことを記します。

世界平和の祈りの特長として、何宗、何教の人がお祈りしてもいっこうにさしつかえないということです。

今までの教えを止めて、これを祈りなさいということは全くないのです。また、どんな考え方をしている人でも全く関係ないのであります。

とにかく信仰の有無、主義主調、国や人種のちがいなど一切関係なく、ただひたすら自分を含めた全人類の平安と調和を願いながら、祈りをつづけてゆけばよいのです。

この祈りは英語にも、中国語にも、フランス語にも、ドイツ語にもその他のすべての国々の言葉に訳せますから、世界中の人々が、同じ意味のことをお祈りできるわけです。完全世界平和実現のための、全人類の「合い言葉」である、といえるものです。

現在、なんらかの信仰をお持ちのお方は、それぞれの教えの祈り（唱え言）の前か最後に、世界平和の祈りを加えればよいということになります。それにプラスして前述しましたように、ながらの祈りということで、いろいろなことをしながらお祈りをしてゆけばよいのであります。

読者の皆さんの中には、もっと健康になりたい、運命をよくしたい、心をもっと明るく強くしたい、真理を知りたい、世界平和のために貢献したいなど、さまざまなお方がおありのことでありましょう。

世界平和の祈りを祈りつづけていますと、これらの望みはすべて解決され、また納得されるものと確信いたしております。

では最後に、この祈りによる世界平和運動を展開していますする会をご紹介させていただきます。

・会名…白光真宏会《びゃっこうしんこうかい》
・所在地…〒418－0102
静岡県富士宮市人穴812－1
・電話…0544（29）5100
・FAX…0544（29）5111
・Eメール…info@byakko.or.jp
・http://www.byakko.or.jp/

（会の活動についてのご質問、支部集会所のお問い合わせ、著書・物品などに関することなどは、右記までお問い合わせください）

せ…世界平和の祈り（その二）

五井先生のご著書から、祈りに関するお言葉を二～三あげてみます。まずは『霊性の開発』からの引用です。

「祈りとは、生命を宣り出す、生命を宣言する、生命そのものになる、神と一体になることである」

次の二点は『神と人間』から。

「神様、どうぞ私の心に愛を充実せしめ給え、どうぞ、私を愛深い私にならしめ給えと祈るとよい、その祈りを毎日かかさずつづけていることは、細かい種々な願いごとをする神詣、仏参りより、はるかに、はるかに、その人を高い境地に導いてくれるものである」

「祈りとは、まず自分の心を空《から》っぽにすることである。それまでの自分をひとまず捨てて、神だけを自分の心に住まわせることである」

このようにいわれてみますと、単なる願いごとと祈りとのちがいがよくおわかりのことと想われます。

自分のどんな願いごともけっこうなのですから、その願いごとを、世界人類が平和でありますように、という祈りの中にすべて託してしまうとよいのです。

五井先生は、『霊性の開発』の中で、

「むずかしい宗教理論も、現世利益の宗教ももはや今の急場には無用になりつつあります。現世利益即悟りであり、悟り即人類救済でなければ、急迫したこの世になんの役にも立ちません。私はこうした末法の世に役立つために、この世に存在しているのです」と、述べておられます。

本当の平和というものは、この世界平和の祈りから生まれ出る宇宙子科学の完成を待つしかないのです。

どんなに口先で世界平和、世界平和といってみても、ただこれだけで本当の平和は実現されそうにもありません。

こんな時にあって、祈りによる世界平和運動の必要性がますます高まっているのではないでしょうか。

五井先生は『人類の未来』の中で、

「地球人類の永遠の平和は、
一、宗教的には…世界平和の祈りによる業想念《わるいこと》消滅。
二、科学的には…宇宙子波動の解明とその効用ともいうべき宇宙子科学の実現。
この一と二の二つが一つになって実現するのである」と、述べておられます。

その宇宙子科学が完成し、他界された人々が、霊界テレビで映し出されるようなことになれば、死後の世界や神を信じないという人もいなくなり、すべてに調和した世界が実現してくることはまちがいのないことでありましょう。

今まで述べましたことは、世界平和の祈りの社会的な大きな効果なのです。
では次にもう少し身近な例で、その効果について述べてみましょう。
五井先生は、『霊性の開発』の中で、

「この世界平和の祈りを祈りつづけていると、
・現われてくる悪や、不幸に把われなくなってくる。
・怒りや妬みや、焦りの想いがへってくる。
・自分自身の存在価値を、いつの間にか、強く認識している。
・自分自身の生活が悪くなりっこない、という確信がついてくる。
・本心と業想念との区別がはっきりついてくる。
最後の、本心と業想念の区別がはっきりついてくる、ということが、個人としてのこの祈りでの最大の効果なのです」と、述べておられます（傍点は筆者付記）。

これまでその一、その二に分けて、世界平和の祈りについて説明させていただきました。

いかがでしたか？　なるほどと感じられたお方もおありでしょうし、なんだか信じられないなあ、と想う方もおられたでしょう。考え方はさまざまなことと想われます。

この世の中を少しでも良くしたい、自分の運命をもっと良くしたい、一日も早く世界平和が実現しますように、と、こうお考えでありましたなら、五井先生のみ教えを素直に信じてみてはいかがでしょうか。そして素直にお祈りしてみてはいかがでしょうか。

きっとあなたの心や体、まわりの雰囲気は良い方に変化してゆくことはまちがいございません。ご自分のお祈りの実践のなかで、ぜひとも体感なされますようお祈り申し上げております。

そ…足相《そくそう》もありますよ

足相をあしそうではなく、足相《そくそう》と読むことにいたします。

相のつくもので、手相・人相・骨相はご存じでしょう。他にも、尻相や足相というのもあります。いろんな相があるものですね。

一体、相とはどういうものなのでしょうか。その答えは「潜在意識の現われ」といってよいでしょう。

五井先生のお説では、人間には過去世から現在に至るまでの想念行為が、幽体という体に記録されているのだそうです。幽体とは想念行為の蓄積所であり、潜在意識ともいわれるものだそうです。

「あ」の項目で掲載させていただきました、二十ページの図をよくご覧になってくださいませ。その潜在意識が、肉体の手や顔などに現われてくる（いる）ものを相と呼ぶのでありましょう。

相とは、人間の長い間の経験・体験（生まれ変わりを含む）から得られた、いろいろな運命的なものや性格などが、人体の各部位に現われてくるものと考えられます。

それを統計的にまとめあげたものが、いろいろな「何々相」として継承されてきたのでしょう。

昭和四十七年の冬、大阪の吹田市まで足相の大家に会いに行ったことがありました。

その時、「君は治療師に向いているのだから、決してやめてはだめだよ」といわれました。以来迷いなく指圧一筋でやってきたのでありました。

さて、昭和四十年代はじめの頃、ある新聞の夕刊に、故湯川秀樹博士の文章が載っておりました。

博士は、「本当の幸福を得るためには、潜在意識を浄化するしかないのではないか」と、強調されておりました。

ところで、五井先生は潜在意識の浄化法として、テープレコーダーを例にとって説明をされておりました。

「それまでのテープに別の言葉、特に良い言葉を吹きこめば、前にあった悪い記録は消えますね。そしてその良い言葉の代表が世界平和の祈りであり、神様への感謝の想いですよ」、という内容だったと記憶しております。

誰でも運命を良くしたいと想うのは人情です。不幸を願う人なんておりません。人は誰でも幸福を望んでおります。

ではそれにはどうしたらよいのか。

本当に幸福を望むならば、消えてゆく姿で世界平和の祈りをお祈りし、潜在意識を浄化してゆくことが、最良・最強の方法であると断言させていただきます。

た行

た…大難が無難

よく、「大難が小難ですんだ」などという表現がありますね。

事故にしろ病気にしろ軽くすんでよかった、という時に使われます。

昭和五十五年だったと覚えております。バイクに乗っていて、立てつづけに三回も危ない目に遭ったことがありました。そのすべてが、ひとつまちがえれば大きな事故になるところでした。

その中の一つで、一番怖い想いをした件を記してみます。

出張の仕事で交通量の多い道路を走っていて、大きな三差路にさしかかった時のことでした。直進している私に全く気がつかなかったようで、軽自動車が左折してきたのです。

軽自動車の左側面がバイクのハンドルに当たり、ガリガリと不気味な音をたてました。

急にハンドルを切ってはダメだと判断し、ゆっくり左に切り、やっとのことで軽自動車から離れることができました。なんとか事なきを得たのでありました。

この時はホッとして、さすがに冷や汗が出てきたことを想い出します。

このように大難が無難ですんだということは、いつも感謝している守護霊様のご加護であったとしか考えられません。

改めて守護の神霊方のありがたさを感じた次第であります。不思議なことや、奇跡は起こるものなのですね。

「よ」の項目で、霊光写真というお守り札のことを述べます。

この霊光写真はいつも運転免許証とともにあり、守護霊様とともに奇跡を起こす元になっているのでありましょう。

ち…超常現象について

超常現象はちっとも不思議じゃない、というと、そんなことはないでしょう、と反論されそうです。

平成二十六年九月のある夜、ＮＨＫテレビで「臨死体験」を放送していました。この番組の前には民放で、透視による殺人事件解決というのもありました。最近ＮＨＫでは超常現象をよく取り上げていまして、ＵＦＯのことが放送されたこともあります。

他に超常現象といわれるものには、テレパシーや瞬間移動、物品引き寄せや念写・心霊写真、物品が勝手に動き出すポルターガイストなどなど、いろいろあるようですね。「よ」の項目で述べますが、五井先生のお姿が写真に写らず、円光のみが写った現象も超常現象といえるのかもしれません（霊光写真といわれるものです）。

さて、五井先生のご著書に、『釈迦とその弟子』がございます。書名のとおり、お釈迦様とその弟子たちの一生の物語です。

この書の第一部に言葉の解説があります。そのうち神通力《じんつうりき》の項を引用します。

神通力《じんつうりき》　神変不可思議で、無礙自在な通力をいう。六種の神通力がある。天眼通、天耳通、他心通、宿命通、神足通、漏尽通。

天眼通《てんげんつう》　自在に六道（地獄、畜生、餓鬼、修羅、人間、天上）衆生の生死の苦楽の相及び一切世間の種々の形色を見て把われない通力。

天耳通《てんにつう》　自在に一切の言語音声を聞き得る通力。

他心通《たしんつう》　自由に他人の心中に思うことを知る通力。

宿命通《しゅくめいつう》　自他の過去のことを明らかに知る通力。

神足通《じんそくつう》　時機に適応して大小自在の身を現じ、ここ、かしこ、意のままに飛行しうる通力をいう。

漏尽通《ろじんつう》　見思の惑（煩悩）を断じ尽して、再び三界に迷わず、解脱を得たる通力。

こうみますと、いろいろな神通力があるものですね。

神通力を含め超常現象といわれるものは、やがて宇宙子科学が完成すれば、そのすべてが解明されて、決して不思議なものではないことがわかることでありましょう。

なお、このご著書は、五井先生が霊覚によって書かれたものといわれております。

お釈迦様とお弟子さんたちとの心の交流が、あたかも現実であるかのような迫力ある描写に、魂がゆさぶられることまちがいなしです。

お釈迦様とそのお弟子さんたちに関心のあるお方に、このご著書をおすすめいたしつつこの項を終えることにいたします。

つ…疲れとりは指圧で

「お」の項目で、疲れのことをいろいろ述べてみました。自分がやっている仕事で恐縮ですが、疲れとりには何といっても指圧をおすすめいたします。

指圧というと、指でぐいぐい押すものと考えている人が多いかと想います。ですが、静かに指などで圧力を加えてゆく療法だと理解して欲しいと想います。

まっすぐ圧を加える垂直圧や、じっと止《と》めておく持続圧を重要視しています。

指圧は各内臓にも効きますし、筋肉関係の症状に適応症が多いのが特長です。そして、何といっても予防医学としての大きな特長があります。

ですから定期的に受けるのが一番の理想です。何か体が変だなあとか、疲れがたまったなあと感じた時には、早目に指圧を受けることをおすすめいたします。

指圧を受けて疲れを抜いておくと、そのあと疲れがたまってきた時に、あれ、変だなあとか、また受けたいなあということになります。これはくせになっているのではなく、体が敏感になってくるためでありましょう。

指圧を受ける人はじっと寝ているだけですが、その間、体表から体の深部への圧力により、体液の移動が活発になります。

その結果、新陳代謝が促進され、各内臓の働きがよくなります。そしてたまっていた毒素がたくさん排泄されるようになります。

そうなれば疲れが抜けて体が軽く感じられるということになります。疲れが抜けるということで、病気の予防にはもってこいの療法であります。自然治癒能力を引き出す力、大といってもよいでしょう。

重い病気になってしまうと、あとがなかなか大変です。良いといわれることはいろいろ試してみて、病気の予防に努めたいものです。

もしも病気になってしまったら、「し」の項目、「生老病死を考える」の病についてで述べた五井先生のお言葉をよくお読みになられ、精神の安定に心すべきでありましょう。

て…手は脳の出先機関

「手は脳の出先機関である」と、聞いたことがあろうかと存じます。

手は毎日の生活の中で、とても大事な働きをしています。その手を使わない仕事なんて聞いたことがありません。

その手の指の手入れは、はたして充分でありましょうか。手の指には意外と疲れがたまっているのです。手の手入れなどといいますと駄洒落のようですが、手にとってはとても大切なことなのです。


ではこれから手の指の手入れ法と、その鍛え方を述べることにいたします。

なお、これらを実行する前には、「え」の項目で述べました注意事項をよくお読みになられますようお願いいたします。
さて、その手の使われ方というと、ほとんどが握る（曲げる）ようにして使われていま
す。物を持つ、つかむ、つまむ、握ると、すべて曲げて使っていますね。
その結果、長い間で指の関節には疲れがたまってしまい、指の反《そ》りが少なくなってしま
うのです。これには内臓の疲れも関係していて、いわゆる弾力性に欠けてくるのです。で
すから、指の使い方の反対のことをしてあげるとよいのです。
方法は簡単です。手の指のつけ根を反対の手で軽く握り、ゆするようにして反らし伸ば
してあげるとよいのです。
第二～五指の場合は、一本でも二本でも三本でも、二～四本をまとめてでもよいですか
ら、よく反らし伸ばしてあげることです。親指は一本だけ別に行います。同じ要領で反対
の手の指を実行します。
時間とか回数は、その時その時で適当に実行してみてください。テレビを見ながらでも
お風呂の中ででも、また寝床の中ででも実行できますので、気楽に実行されるとよいでし
ょう。ただし、指の関節が硬くてよく反らない人の場合は、決して無理をしないで徐々に
反らし伸ばしてあげるとよいでしょう。

その人なりに少しでも柔らかくする、ということが大切なのです。「おぼれる者は藁《わら》をもつかむ」という諺がありますが、そのつかむ力がなかったらなんにもなりません。

握力を強くしておくことも大切なことです。

その握力を強くする方法も簡単です。実行するのはお風呂に入った時がよいでしょう。お湯の中に両手を入れ、お湯をつかむようにして、両手を握ったり開いたりすればよいのです。もちろん片手ずつでもかまいません。

その早さとか強さ、回数は、ご自分で工夫してみてください。最初はゆっくり、徐々に早さや回数を増してゆくのがよいと想います。私の場合、両手いっしょに八十から百回ほど実行しています。また、風呂の中だけでなく、ひまをみつけて空気をつかむようにして実行するのもよいでしょう。

日頃手をたくさん使う人は指反らし（指伸ばし）の方を多く実行し、力をあまり出さない人の場合は、握力強化の方法を多めに実行なされるとよいでしょう。

手は脳の出先機関ですから、手の力の衰えは脳の衰えにつながります。

手の指をよく使う仕事をする人は、丈夫で長生きするといわれていますね。

どうぞ、大切な手の手入れと強化法を充分になされますように。その時は、手への感謝の心を忘れずに実行なされるとよいでしょう。

このとき、世界平和の祈りを祈りながら実行いたしますと、その効果は倍増する感じがいたします。

なお最後に、手の指にあるツボのことは省略させていただきましたが、左右十本の指をよく刺激してあげますと、五臓六腑の働きを活発にすることはまちがいのないことであります。

と…同時成道とは

同時成道とは、個人と人類の同時成道という意味です。

この項目も、五井先生のお言葉で説明させていただきます。

ご著書、『霊性の開発』の序文からです。

「己が幸《さち》願ふ想ひも朝夕の世界平和の祈《の》り言《ごと》の中

私が常日頃から思いつづけていたことは、自己の幸《しあわ》せということと、人類すべての幸せということが、全く一つになれる道ということでありました。（中略）

この法話集は、こうした良心的な人たちのためのものでもあり、またこの地球世界に住む、大半の人々の、現世利益を願う心をも満足せしめる、容易に入り得て、最も高度なる道を、種々な角度から説いているものであります。

如何に容易に入り得ても、その教えが高度なひびきをもっていなければ、心ある人々の知性を満足させることができません。私は終始神のみ心を自分の心として、しかも、地球人類の現実生活に離反しない、宗教の道をきりひらいたつもりでいるのです。それが世界平和の祈りとして、個人人類同時成道の易行道として、多くの共鳴者を得ることになったのです。

この書をお読みになった方は、きっとこの序文の冒頭の歌の心の深い意味が、おのずからおわかりになってくることと思います。自分が救われることがそのまま人類世界の真の幸福に結びついているという真理が、神の言葉として、はっきり皆さんの心を打つことを、私は信じきって、この書を皆様にお送り致します」

自分や自分の家族だけの生活が充分ならそれでよし、という考え方はもう古いものと想いませんか。

家族愛・郷土愛・祖国愛をもっと高めてゆけば、世界平和の祈りのような人類愛にまで達することでありましょう。

五井先生のみ教えのたゆみない実践から、必ずや個人人類同時成道が実現することでありましょう。簡単ではありますが、これでこの項目を終えることにいたします。

な行

な…なぜ生きている

「人間は何のためにこの世に生きているのでしょうか」

この世に生ある以上、目的（目標）のない人生ほど寂しく、また悲しいものはないでしょう。

実際に、勤めを辞めた人や、子育てが終わり、ホッとした主婦がなりやすいものに、「燃えつき症候群」があります。人間は、目的のない人生になると、急にふけこんでしまったり、病気になってしまうという例が多いようです。

自分はこの世に何のために生きている（きた）のかという疑問が湧いてきた時の、人間の心理とはいかがなものでありましょうか。しっかりした目的がないと生きるための希望がしぼんでしまい、精神的に強さや明るさが欠けてしまうのではないでしょうか。

この項の題に戻りますが、これも五井先生がズバリ回答を出してくれておりますので、それをご紹介させていただきます。

『人類の未来』より引用です。

「人間は、個人的には↓自己の生命（魂）の経験を積むため、過去世からの業因縁を消し去ってゆくため。

人類的には↓神のみ心の大調和世界を、永遠の生命の一つの場として、この地球界にも実現させるために。この世に生きているのだ」とあります。

はっきり目的をもって生きる、しっかりした生きがいをもった生活、真剣になって求めるものがあるという生活は、心の健康という面からすれば、非常に大切なことであります。

心のハリがあるとか、心のハリがなくなったなどと表現されるように、心のハリは体のハリとともに、健康の根本的なものと考えられます。

では最後に同じく『人類の未来』より、五井先生のお言葉によってこの項目を終えることにいたします。

「神のみ心は地球世界の平和を確立することにあることは当然のことですし、人類の念願も世界平和をつくるということが、最大の念願です。ですから、神のみ心と人類の心が、この世界平和の祈りを仲立ちにして、すっきりと融け合うわけです。誰でも容易に自己の業想念を消滅させ得る方法であると同時に、世界人類に平和をもたらす光明運動ともなる、世界平和の祈りこそ、全く今は生れなくてはならぬ絶対条件の下に生れ出でた祈りなのであります」

どうぞこの「祈りによる世界平和運動」を、今後のご自分の生きがいとして、元気に明るく生活できますようお祈りいたしております。

に…人間と真実の生き方

五井先生のみ教えの根本をなしております、「人間と真実の生き方」を『白光』より記してみます。英文での表記は省略させていただきました。

人間《にんげん》と真実《しんじつ》の生《い》き方《かた》

人間《にんげん》は本来《ほんらい》、神《かみ》の分霊《わけみたま》であって、業生《ごうしょう》ではなく、つねに守護霊《しゅごれい》、守護神《しゅごじん》によって守《まも》られているものである。

この世《よ》のなかのすべての苦悩《くのう》は、人間《にんげん》の過去世《かこせ》から現在《げんざい》にいたる誤《あやま》てる想念《そうねん》が、その運《うん》命《めい》と現《あら》われて消《き》えてゆく時《とき》に起《おこ》る姿《すがた》である。

いかなる苦悩《くのう》といえど現《あら》われれば必《かなら》ず消《き》えるものであるから、消《き》え去《さ》るのであるという強《つよ》い信念《しんねん》と、今《いま》からよくなるのであるという善念《ぜんねん》を起《おこ》し、どんな困難《こんなん》のなかにあっても、自分《じぶん》を赦《ゆる》し人《ひと》を赦《ゆる》し、自分《じぶん》を愛《あい》し人《ひと》を愛《あい》す、愛《あい》と真《まこと》と赦《ゆる》しの言行《げんこう》をなしつづけてゆくとともに、守護霊《しゅごれい》、守護神《しゅごじん》への感謝《かんしゃ》の心《こころ》をつねに想《おも》い、世界平和《せかいへいわ》の祈《いの》りを祈《いの》りつづけてゆけば、個人《こじん》も人類《じんるい》も真《しん》の救《すく》いを体得出来《たいとくでき》るものである。

これが「人間と真実の生き方」の全文であります。

文中、自分を赦し人を赦し、とありました。

以前の私は自他を赦せない性格でしたが、この人間と真実の生き方の実行と、世界平和の祈りの実践によって、自分を責めることや他を責めることが、ほとんどなくなってまいりました。

自分を赦し人を赦しのお陰で、毎日を明るい心で生活できていることに、心より感謝している昨今であります。

どうぞ読者の皆さまにも、この人間と真実の生き方をよくお読みになられまして、ご自分の日常生活の中にご活用なされますよう願っております。

ぬ…ぬるぬる、ねばねば食品なぜ効くか

昔から、うなぎとかスッポン・山芋のようにぬるぬる、ねばねばした食べ物は、精力剤になるといわれています。

ということでさっそく、『疲れ知らずのネバネバ料理』（料理、浜内千波・編集人、山田

のりこ・グラフ社）より引用させていただきます。
疲労回復に絶大な効果のあるネバネバ素材という見出しからです。

「オクラや山芋に代表される粘り気のある素材は、滋養強壮によいといわれています。これらの素材に特有の粘り成分は、主に食物繊維のムチンとペクチンです。ムチンにはたんぱく質分解酵素が含まれていて、たんぱく質の消化、吸収を促進する働きがあります。一方、ペクチンは腸内の善玉菌である乳酸菌を増やす働きがあり、腸の調子を整えるのに役立ちます。疲れを感じたとき、夏バテで内臓の働きが弱まったときなど、食欲が減退してたんぱく質が充分にとれない場合は、粘り気のある素材を積極的に利用しましょう。なお、ネバネバ素材は、いっしょに合わせる素材を一つに包み込み、のどごしよく、食べやすくする利点もあります」とあります。

次は疲労回復以外にも有効な働きが、という見出しからです。

「ネバネバ素材には、コンドロイチン硫酸というムコ多糖類の一種も豊富に含まれています。この成分は、コラーゲンとともに結合組織を構成し、細胞に保水性、弾力性を与えるなど、体を若々しく保つ働きがあります。成長期には体内で生成されますが、年齢とともに合成能力が落ち、関節痛、腰痛、五十肩、肌の張りがなくなるなどの症状が生じてきます。老化防止のためにも、粘り気のある素材は有効です。

このほか、山芋に多く含まれるアミラーゼという消化酵素は、胃腸の調子を整えるのに役立ちます。海草やモロヘイヤ、オクラなどに含まれるカルシウムは、神経の興奮を抑えて緊張を緩和する作用があり、精神的な疲れの解消にも有効です」とあります。

ねばねばした食品は体にとって、大切な成分を含んでいることがよくわかりました。今までに出てきた食品の他には、納豆、なめこ、ねぎなどもこれらの食品に入るものと想います。

病気の予防のために、ぬるぬる、ねばねば食品を有効に取り入れたいものです。ぬのつく言葉がみつからず、だいぶ苦労いたしました。その結果ちょっと苦しい表現ですが、ぬるぬる、ねばねば食品という表記にさせていただきました。

ね…寝床でできる、いろんな運動

運動とは読んで字の如く、運び動かす、または動かし運ぶ、ということでしょう。体を激しく動かさなくとも、寝床の中でもいろいろな運動ができるものなのです。

はじめは手の運動ですが、これは「て」の項目をご覧ください。腰の場合は「え」の項目をご覧になってください。この二つとも寝床の中でもできますので、これから述べます足指の運動と合わせて実行してみてください。

なお、これらを実行する前には、「え」の項目で述べてあります注意事項をよくお読みになられますようお願いいたします。

まず、足の指でグー、パーを行います。グーは五本の指をぐっと縮めます。パーは五本の指を大きく開くようにして伸ばし動かします。

片方ずつでも、両方いっしょに行ってもよいです。回数や時間に決まりはありませんので、ほどほどに実行してみてください。

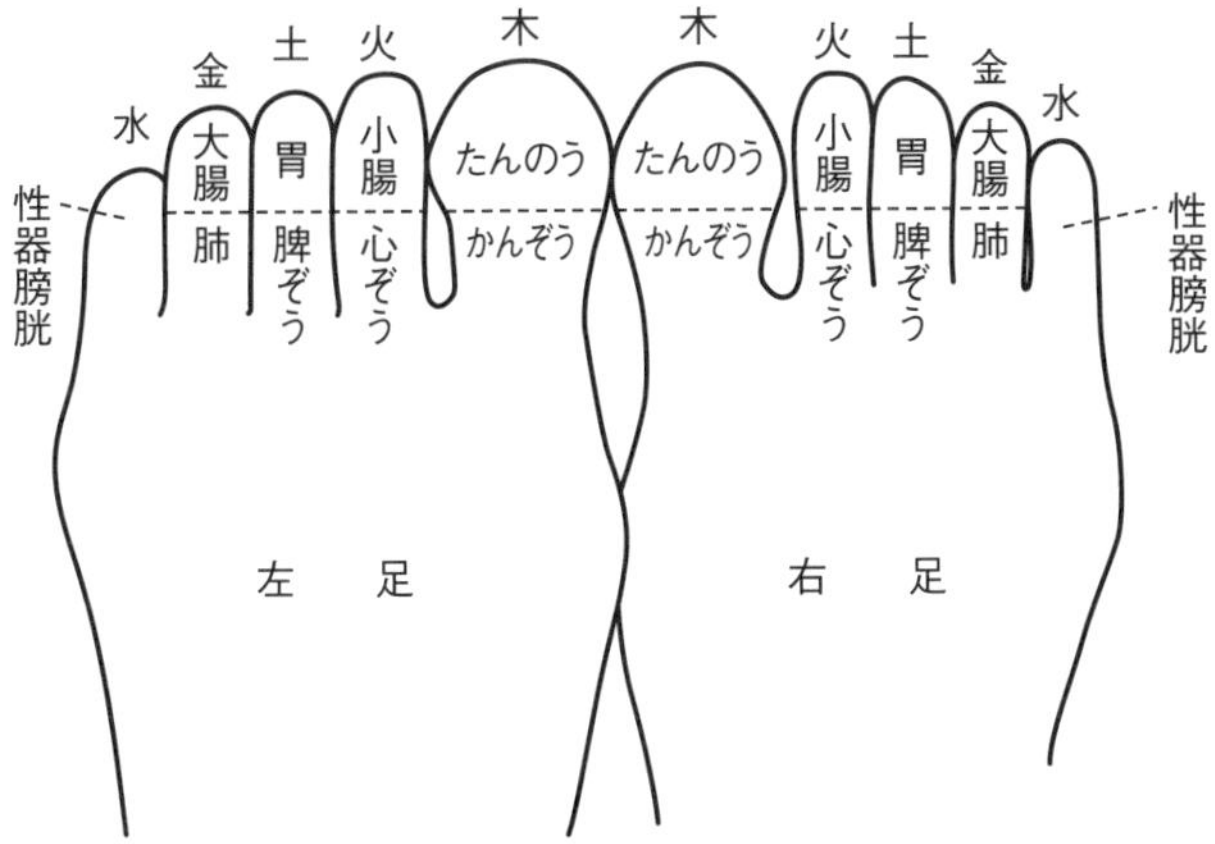

足の指と内臓の関係

※脾ぞうは、現代医学の膵臓のことと思います。

次は、五本の指を同時に動かして歩く方法です。足指歩きと呼んでいます。これも片方ずつでも、両足同時でもできます。

まず、上向きに寝て膝を立てます。踵《かかと》をお尻の方に近づけます。そうしましたら、五本の指を同時に縮め、次には伸ばして前へ進めます。尺とり虫が動く要領です。踵は布団などから離さないようにするのがコツです。

十歩〜十五歩ぐらい前へ進んだら元に戻します。これを何回か適当にくり返し実行します。この足指歩きは、立ってたたみの上などでもできますが、この時は必ず片足ずつで実行してください。

寝床だけでなく、グー・パーの運動はど

こでもできます。狭い所で椅子などに長い時間座るなんていう時に実行すれば、エコノミークラス症候群の予防になることでしょう。

ところで、足の五本の指には、いわゆるツボがあります。五臓六腑とそれぞれが関係しているといわれています。

ここで、五本の指と各内臓との関係を参考までに載せてみます。『運勢鑑定開発足相術』（今泉天心著・霞ヶ関書房）から図とともに引用します。

各内臓は指のつけ根に、指の先端には腑があてはまるようであります。

親指↓肝臓と胆のう。第二指↓心臓と小腸。
第三指↓膵臓と胃。第四指↓肺臓と大腸。
第五指全体↓生殖器及び膀胱。
足裏全体↓腎臓（副腎を含む）。

先ほど述べました足の指の運動を行いますと、血行がよくなるだけでなく気の流れもよくなり、五臓六腑の働きが活発になります。

それから指を刺激する方法として、五本指ソックスをおすすめいたします。朝ソックスをはく時、指と指との間（指のまた）四ヵ所を両足とも、大きくゆするように拡げ伸ばしてあげますと、とってもよい刺激になります。ただし、水虫のある人は注意が必要です。決して無理はしないでください。


これら手足や腰の運動は、起きだす前に実行しますと体がほぐれ、一日の活動の準備運動としてとても有効であります。

また、夜寝る前に軽めに実行しますと、自然な眠りに導いてくれますので、ぜひともお試しください。

の…脳を守るには

脳が人間の体の中で一番大切な部位であることは、小学生でも知っていることでありましょう。

その脳の病気の代表的なものといえば、脳梗塞や脳出血があります。発病して一命はとりとめたとしても、片マヒや言語障害などの後遺症が出てしまいます。

最近では、アルツハイマー病とか、認知症という名の脳の病気が注目されております。テレビなどで、若くして認知症になってしまった人の映像を見るたびに、お気の毒にという想いの他に、なぜ？　という疑問がいつも湧いていました。

この頃は、その脳の病気と油が関係している、体に悪い油は摂取しない方がよい、といった内容の本がいろいろと出版されております。


さっそくそのうちの一冊、『油が決める健康革命』（釣部人裕著・ダイナミックセラーズ出版）より引用させていただきます。

この書の最後の方にある、「脳を守るために」というまとめからです。

「脳を守るために
食用油の選択は重要です。一般論を言えば、ペットボトル入りのサラダ油は避けてください。良心的な製油メーカーであれば、ペットボトルに入れて売ることはまずあり得ません。油は、時間の経過、温度、紫外線によって劣化するからです。

食用油の成分表に、〔植物性油脂〕と書いているあるものは、買うのを控えた方が良いでしょう。これらは主成分がリノール酸で、価格は1リットル入りで数百円程度です。例外なく脳や体に悪影響を与えるので、避けるのが賢明です。

植物油は生鮮食品と同じ生ものです。熱や光に弱く、酸化してしまいます。特に、リノール酸を多く含んでいるサラダ油は、工場での高温精製のためにヒドロキシノネナールというやっかいな神経毒が混入しています。

そのサラダ油を料理店や家庭で加熱すると、この神経細胞を破壊する毒物、ヒドロキシノネナールが一挙に増加します。揚げカスを濾すことはできても、加熱により増加した神経毒を濾過することはできません。

加熱に強いおすすめの植物油は、米油、ゴマ油です。オリーブ油も130℃までの短時間の炒め物なら大丈夫です。米油やゴマ油を使って揚げ物をする場合も、フライパンの底から4㎝～5㎝以下の少量の油で、ひっくり返したり、上から油をかけたりして効率よく揚げるのが良い方法です。そして一度加熱した油は、再利用せずに、必ず使い捨てにしてください。

自身の健康や家族、特に子どもたちの将来を守るために、今、すべきことはサラダ油を使用しているインスタント食品やファーストフード、スナック菓子などを摂らないことです。細胞をいきいきと活性化させ、脳や目を良くするアマニ油やエゴマ油、そして青魚を毎日食べましょう。

うつ病や心の病に悩む方は、サラダ油を止めてリノール酸の摂取量を減らし、オメガ3の脂肪酸であるαリノレン酸の摂取量を増やすことです。もの忘れを自覚し始める50歳以上の方は、認知症にならないために、そして医療費を軽減するためにも、食生活を見直し、それを実践することが必要です。

今あるサラダ油やマーガリンを廃棄して、アマニ油やエゴマ油、シソ油、オリーブ油に変えることが良い方法です。食費に占める食用油の割合も多少増えるでしょうが、大切な脳や体への健康投資です。

インスタントラーメンや焼きそばを食べるのを止め、ハンバーガーやフライドチキン、フライドポテト、ドーナツなどのファーストフード店から子どもや孫を遠ざけることが必要です。特に、妊婦や幼児のいる家庭では、このことに神経質になるべきでしょう。

私たちの体は、今食べている食材によって、つくられているのです！」

こうみますと、油に気をつける必要性がよくわかります。仕事柄、脳梗塞などによる後遺症のある人を指圧することが時たまあります。元の体に戻すことは非常に大変です。

そのようなわけで、体に悪い油があるということを考えますと、脳の病気だけでなく他の病気の予防のためにも、油の摂り方には充分気をつけることが望まれるのではないでしょうか。

は行

は…波長を神様に合わせよう

五井先生はテレビジョンを例にとり、波長と神様のことを説明されておりました。

「ＮＨＫを見ようとした場合、民放のチャンネルに合わせていたのでは、いつになってもＮＨＫの画面を見ることはできません。波長（周波数）が合わないからです。

神も仏もあるものか、といった想いでは全く神様と波長が合うことはありません。ですから神様に波長を合わせようとすることが大切です。神のみ心である世界平和の祈りをお祈りすることは、神様の波長にぴたりと合っていることになるのです」

おおむねこのように説明されていたと記憶しております。

今現在、この地球世界は大きな問題をたくさんかかえています。科学が進んでいる割には、いろいろな問題が山積みになっております。

その原因は？　と考えますと、それは今だ本当のことがわかっていないからではないでしょうか。

本当のことがわかれば、ということは、真理が科学的に証明されればといってよいでしょう。これまで何回か述べましたが、宇宙子科学が完成した暁には、すべてのことが解明されて、諸問題も解決の方向に向かうことでありましょう。

そのためには一人ひとりが、神様のみ心である世界平和の祈りを祈り、神様に波長を合わせてゆくことが大切であるといえるでしょう。


心の成長を忘れ、肉体のことのみ、物質のことのみに想いを合わせていたのでは、地球滅亡へのまちがった力を出しているといって過言ではありません。

想い（想念）の大切さをかみしめつつ、善念を出すよう努力することはとっても大切なことと想います。

この世の中を少しでも早く平和にするためにも、自分の心の成長のためにも、波長を神様に合わせて生活してゆくべきでありましょう。

「き」の項目その二、「氣の実験と応用編」で述べましたが、世界平和の祈りを実践している時、守護の神霊方に感謝の想いでいる時、いろいろな善念を出している時、人はすばらしい氣（パワー・エネルギー）を出しているということを知りました。

ですから、最後に、波長を神様に合わせつつ、

「世界人類が平和でありますように」

ひ…ピンピンコロリ大往生

ピンピンコロリ、この言葉を知らない人は少ないのではないでしょうか。

昔からポックリ寺が信仰を集めているように、コロリとあの世へ往けたらという願いは、古今東西誰しもが持っている願いでありましょう。

人間どんなに健康であっても、また病弱であっても、誰しもがあの世へと旅立つ日が必ずやってきます。

その時に楽にすっと往けたらと願うのは人情で、苦しみもがきながらの臨終を望む人は、

まずいないことと想います。

五井先生のみ教えによりますと、人間の「生き死に」を決めるのは守護神様だそうです。ピンピンコロリと大往生をしたかったなら、日頃の守護神様への感謝行が大事になるのです。

最近は、健康寿命ということがいわれていますね。その健康寿命と平均寿命との差が、男女ともに十年くらいあるようです。

ということは、かなりの人数の人が、病気やケガなどの事情で、寝たきりや不自由な生活を強いられているということになるのでしょう。

ピンピンコロリで大往生できるためには、普段が健康であることが条件になるのではと考えられます。

老化は足から、などといわれています。「ろ」の項目その一の、「老化防止は片足立ちで」をよくお読みになられ、コツコツと実行なされますように。

プラス守護神様へのたゆまない感謝行。どうぞこの二点を合わせて実行なさってみてください。

誰もが願う願い「ピンピンコロリで大往生」。

皆さまの願いが叶いますようお祈り申し上げ、短いですがこの項を終える次第です。

ふ…不思議体験をもうひとつ

「き」の項目その二で、「氣の実験と応用編」を紹介し、心の不思議（心と体の関係）を体験いたしました。

この項目でも、心と体とがおたがいに関連しているという不思議をご紹介させていただくことにいたしましょう。


立っている場合でご説明いたします。

まっすぐ立って、体の前への曲がり具合、体の後への反り具合（前屈・後屈）や、横（左右）へ曲げてその曲がり具合を調べます。それに体を左右にねじって、その見える範囲を覚えておきます。

そのいずれも、何回もやらないで、一回で調べることにしてください。

そういたしましたら、世界平和の祈りか、守護の神霊への感謝のどちらかを実行いたします。二つのうち、どちらでもけっこうです。

祈りの場合は、世界人類が平和でありますように、とゆっくり二〜三回ほどお祈りしてみてください。

または守護霊様・守護神様ありがとうございます、とこれもゆっくり二〜三回想ってみてください。

どちらかがすみましたら、先ほど調べておいた体をもう一度、同じ要領で調べてみてください。

いかがでしたか？　体が前より柔らかく変化したことと想います。個人差はあろうかとは存じますが、ほとんどの人が以前より体が柔らかくなったことと想います。

これはなぜかといえば、世界平和の祈りがもつ大光明波動や、感謝の想いがもっているパワー・エネルギーが肉体の波動を変え、その結果、体が柔らかく変化したということであります。

「き」の項目その二の、「氣の実験と応用編」の時は、心（想い）の持ち方次第で体が強い力を出せるように変化いたしました。

この項の実験では、祈りの心でいる時や、感謝の想いでいる時には、体が柔らかくなる、ということをご紹介させていただきました。体が柔らかくなるということは、健康のためにも良いことですので、世界平和の祈りと守護の神霊への感謝行をぜひとも実行なされますようにと、ここでもまたおすすめいたす次第であります。

拙書のタイトルは「このパワーをあなたに」といいますが、こうした理由でつけさせていただいた訳であります。

世界平和の祈りや、守護霊様・守護神様への感謝の想いは、いつでもどこでも実行できます。

ながらの祈りといわれていますので、歩きながら、乗り物に乗りながら、食事をしながら、お風呂に入りながら、寝床の中ででも実行してみてください。

どうぞ朝から晩まで、祈りの方に心を向ける習慣を身につけ、元気で明るく生活なされますよう願っております。

へ…平和と日本・日本人

五井先生のご著書はたくさんございまして、全集も出版されております。そのうち『五井昌久全集13』は詩集編です。

この全集の帯に、宗教精神と美と生命の躍動、と題した文章がございます。そこには、「生命の真実のひびきを、精錬された言葉にのせて、素のままの姿で打ち出した神性讃歌、生命讃歌の数々を収録。単なる語韻の楽しみでは到りえぬ心の奥の琴線を、真理のコトバがかき鳴らす」とあります。

この詩集編から三つほど掲載させていただき、これからの日本人の生き方はどうあるべきかと考えてまいります。

私たちは日本という名の国に住んでいます。ではこの日本国の天命とはどういうものなのでありましょうか。五井先生は「日本の天命」と題し、こう述べておられます。

日本の天命

世界中が必死に自国を守ろうとしているときに
何んと呑気な日本人
祖国の生きる道を真剣に考え
人類の平和に祖国を役立たせようとしているのは少数の人々
祖先からずっとひきつづいてこの国土に生かされながら
祖国を愛することをすっかり忘れきっている日本人
日本を異邦人の思想にぬりつぶして
それで世界を平和にしようなどという
世にも愚かしいことを思ってみても
それは闇夜の中の出来事
世界の光明化をはばもうとする行為にすぎない
日本には日本の天命があり日本の心がある
その心は神に帰一する素直な明るい心

神のみ心がなくては人類がここに存在しないと同じように
日本がなくては日本人は存在しない
日本は単なる島国ではない
神の大調和のみ心をこの世に実現する中心の場だ
異邦人の思想に動かされて日本を見失ってはならない
日本を真実の日本たらしめてこそ自己も救われ人類の平和も実現する
私たちの世界平和の祈りはその先きがけの夜明けの祈り
地球世界を守るために
日本の存在がどんなに大事なものか
はっきり判る時が次第に近づいているのだ

（註……異邦人とはキリストのいう神にそむく人々の意）

読者の皆さま方は、きっと善人であると確信いたしております。

「善人よ強かれ」という題の詩では、真《まこと》の善人とはこういう人だ、と示されております。

善人よ強かれ

世界中に良い人が多勢いながら
悪い行の人々が常に幅をきかせ
戦争をしたくない人が一杯なのに
世界は大戦争の危機をいつもはらみつづける
こんな不合理な話はないのだけれど
事実は少数の悪に多勢の善が追いまくられる
こうした人類の狂いを直さないで
何んで世界が平和になることができようか

善人というのは人に悪をなさぬというだけではない
自分の生活だけを守ろうとする

心の弱い善人たちが
いくら多勢集ったところで
強力な少数の悪人の迫力に敵するものではない
真《まこと》の善人とは
人間の本心開発のために
天の理想を地に現わすために
人類の完全平和達成のために
少しでも積極的に働きかけている人のことをいうのだ

国が焼けつくして
地球が燃えつくして
一体人間はどこへ遁げようとするのか
善人たちが勇気を出さないでいて
地球の危機が救われるとでもいうのか
善人が分れ分れの心でいてはいけない

一つ目的に心を合わせてこそ
誤まれる人々を浄める力が現われる
悪党に世界を渡してはいけない
善人が天と直通して
大光明力を発揮しなくては
地球世界を救うことはできない
世界平和の祈りは
そうした心から生れでた祈りだ
悪は人間の本来性ではないのに
善人は悪を恐れ
悪の前に自己の前進を止める
そういう想いはすべて消えてゆく姿
世界平和の祈りの中で
神の大光明の中で
善人は逞《たくま》しく生れかわり

地球世界を浄めさり
真実の理想世界を現わさなくてはならない

善人よ
心正しき人々よ
神のみ心に結集して
さあ　天と地をつなぐ光の柱となろう

この一編を目にした読者の皆さま方が、真《まこと》の善人になられますよう切に願いながら、最後に「日本人よ、今こそ起て」をご紹介させていただきます。

日本人よ　今こそ起て

日本よ　日本人よ　今こそ起たねばならぬ
今日起たねばいつ起つ時があるのか

日本よ　日本人よ　今こそ起たねばならぬ
だが日本は剣を持って起つのではない
九千万の心を一つに
平和の祈りをもって起つのだ

日本は核爆弾の洗礼を受けた唯一の国
真実平和を絶叫できる唯一の国だ
何者だ今頃になって武器を持とうと言うのは
剣をもって防ぎ得るのは一時のこと
永遠の平和は剣を持つ手に来ることはない
日本の天命は大和の精神《こころ》を海外に示すにあるのだ
日本は今こそ世界平和の祈りによってのみ起ち得る
世界平和の祈りは
大救世主の光り輝く言葉だ
救世の大光明は日本国の平和の祈りに結ばれて

地球の隅々にまでその光明を顕現するのだ
サラリーマンの家庭から
農家の主婦の心から
機械に踊る職場から
世界平和の祈りは光りとなって
世界中にひろがってゆくのだ

では、この書の読者の皆さま方の中から、世界平和の祈りをお祈りする人が、ひとりでも多く増えますよう願いつつ、この項を終えることにいたします。

ほ…その一、暴飲暴食をするよりも

「暴飲暴食をするよりも、心が激しく動揺するほうが体を痛める」、五井先生のお言葉です。

私が実際に体験したことを述べてみます。

昭和五十五年だったとはっきり覚えています。その年の春と夏、精神的に激しいショックを受けたことがありました。特に春の時はひどかったです。

その内容は省きますが、やり場のない激しい怒りの想い、びっくり驚いたこと、それに深い悲しみの想いなど、とにかく心が激しく動揺してしまいました。

そうこうしているうち秋になり、ある夜、さあ寝ようとした時でした。心臓が激しく脈を打ち出し、その速さといったら、もう心臓がこのまま破裂してしまうのではないかと想うほどでした。

普通なら救急車を呼ぶ、ということになるのでしょうが、そうはしませんでした。その訳は、痛みが全くなかったからでした。

まずは心を落ち着かせました。次に心臓のツボがあるという左前腕（小指側で内側）の筋肉を右手の親指で強く何ヵ所かに圧を加えつづけました。

そしてあとはお祈りをするだけでした。世界人類が平和でありますように、守護霊様・守護神様ありがとうございます、と夢中でお祈りするしかありませんでした。

それらのお陰だったのでしょう。いつの間にか眠ることができ、朝目覚めると脈はなんともありませんでした。こんな状態が五～六日つづいたと想います。夜が来るのが怖く感じられた日もありました。

心臓の速脈が完全におさまった時、ああよかったと、命のありがたさをしみじみと感じたことが、つい最近のことのように想い出されてきます。

私のこの体験の場合、精神的なショックを受けたあと、少し時間がたちましたが、心臓の速脈という形で症状が出てきたわけであります。

心が激しく動揺するということは、自律神経の調和を乱してしまい、いろいろな臓器に悪い影響を及ぼす結果、病的な症状があちこちに出てくるのでありましょう。

感情と内臓との関連は、「い」の項目をご覧ください。

いずれにしても、普段から心の平静を保つこと（平常心）の大切さを、身をもって体験させられたのでありました。

ほ…その二、本当の幸せとは

本当の幸せとは？　などと書き出しますと、幸せにウソもホントもあるんですか、と、いわれそうな気がいたします。

お金がたまって幸せ。高い地位につけたから幸せ。趣味に満足で幸せ。いい家族に恵まれて幸せ。健康なので幸せ。これらの他に幸せと感ずることはもっともっとあることでしょう。

しかし、「幸せ」という言葉ほどつかみどころのない言葉はないでしょう。百人いれば百人とも内容がちがうかもしれません。

では、人間すべてに共通する幸せとは、いったい何なのでしょうか。もしそんな幸せがあるとすれば、それが本当の幸せであると考えてもよいのではないでしょうか。

この幸せについて西園寺昌美先生のご著書より引用させていただき、いろいろと考えてみようと想います。

『日々の指針』（白光出版）より、四日の指針、人生は素晴しい、のうち、2と3の指針からです。

「幸せはどこにでもある。自分のすぐ近くに、自分のすぐ手の届く所に。幸せは私達の周りをいつも取り囲んでいる。いつも用意されている。決して遠くにいるのでも、逃げるものでもない。もっと端的にいえば、自己の内に幸せは存在しているものなのである。

幸せを求めても得られない人は大勢いる。求めている人のすぐ近くに存在しているにもかかわらずなかなか得られない。幸せを得られない人は幸せということが一体どんなものであるのか、本当に理解していない人である。幸せとは或る特殊な特別な状態をさすのではない。幸せとは平凡の中に一際《ひときわ》輝いて、いつも存在しているものである。さて、幸せを求めても得られない人は、自分の心の中に幸せな心を自覚していない人である。幸せな心とは日常茶飯事、どんな些細なことに対しても、心から感謝が出来、また感謝が湧き起ってくる心である。日頃、感謝の心の無い人に幸せが訪れる筈がない」

「人のために良いことをすればする程、自分自身が幸せになってくる。神の光が増えて満たされてゆく。それに加えて充実感、満足感、向上感、達成感等が湧き上り、ますます人のために尽したくて尽したくてたまらなくなる。こんなことがごく当り前になって生きている人達が、世界平和を祈っている人達なのである」とあります。

次に、二十日の指針、誰かがあなたのことを思っている、のうち、2と4を見てみましょう。

「あなたの幸せを邪魔するのは、夫でもなければ妻でもない。子供でもなければ姑でもない。あなたを邪魔するのは、あなた自身である。あなた以外に誰もいない。あなたの誤った想念が、感情が、知識があなたの邪魔をしているのである。幸せは人が与えてくれるものではない。自分自身の手でつくってゆくのである。そのためには、神といつも心を一つにしていなければならない」

「人間の幸せは「もの」ではなく「心」である。心のもち方一つで幸にもなれば、不幸にもなる。まず一番に心がけなければならないことは、人を誹《そし》ることをつつしむべきことである。人はついついそんな悪気《わるぎ》でもないのに人を誹《そし》り、侮《あなど》って自分の気分をよくしてしまう。最も嫌なことは、他人を誹謗《ひぼう》中傷することが生きがいのような人がいるということである。こういった人は一生幸せになれない」

このご著書には、一日から三十一日までの指針として、昌美先生のすばらしいお言葉が満載されております。

混沌としたこの現在の社会を、強くたくましく生きるために、必ずお役に立つお言葉ばかりでございます。

ぜひともご一読なされますようおすすめいたします。また読者の皆さまが、本当の幸せをつかまれますようにと願っております。

五井先生は、本当の幸せとは、「霊性の開発と生命《いのち》生き生きと生きることです」と、述べておられたと記憶しております。

ま行

ま…万病の元なぜ多い

○○は万病の元、この○○に入る言葉はいっぱいありますね。
曰《いわ》くカゼは万病の元。

曰く便秘は万病の元。

曰く過労は万病の元。

曰く過食は万病の元。

まだありましたっけ？　あっ、冷えは万病の元を忘れておりました。

最近では、血管の老化が万病の元という説もありますね。確かにそう想えます。

人体は小宇宙などといわれています。それだけにその奥は深く、治療師として四十七年以上の間、人さまの体に触れてきて、体の精密さや、命を保つその仕組の不思議さにただただ驚嘆あるのみです。

その人体の見方もいろいろあります。ですから病気の元も一つや二つではないということなのでしょう。

カゼは万病の元とは昔からいわれております。確かにカゼをこじらせて肺炎にでもなってしまうと、死に至ることさえあります。カゼをひくということは、抵抗力が弱っている時ですから、たかがカゼなどと軽くみない方がよいでしょう。

万病の元、カゼをひかない工夫が必要になってきます。指圧をつづけて受けていた人に、最近カゼをひかなくなった、という人が何人もおりました。

便秘の場合、出るべきものが出ないわけですから大変です。よくいわれることは、便秘がつづくと腸内で異常発酵が起き、その結果発生した毒素が血液を汚し、そのために万病の元になるとのこと。

実際にひどい便秘の人が、大腸ガンで亡くなったという話をお聞きしたことがあります。便秘をしないよう、適度の運動と食事には充分気をつけるべきでしょう。

以前、過労死が問題になったことがありました。今でも時たま報道されることがあります。慢性疲労症候群というのもあり、疲労と病気は切っても切れない関係にあります（「お」の項目をご参照ください）。

過食は万病の元、これもまちがいないことでしょう。健康のために腹七分とか腹八分にするとよいと昔からいわれています。

最近では腹六分でいいなんていう説もありますし、一日一食でもよいという説もありますね。

冷えは万病の元、これもよくいわれています。特に足やおなかを冷やすといけないようです。最近では低体温症の人が増えているようですが、便秘と同様、適度の運動と食事に気をつけ、冷えからくる病気を予防したいものです。

なお、便秘や冷え性も指圧の適応症です。

よく「健康は最大の宝なり」、といわれますが、健康で長生き、これは意外と大変なことと想えます。

人は健康の時ほど、健康のありがたさを忘れるといわれます。いろいろな面に心がけて、健康で明るく過ごしたいものです。

拙書から何かをつかまれまして、病気の予防や健康維持・増進のために、少しでもお役に立つことができましたら幸いに存じます。

み…水と空気のありがたさ

人は食べ物が全くなくなれば死にます。水が全くなくなっても死にます。それ以上に空気がなくなったら、先ほどの二つよりももっと早く死んでしまいます。

小学三年か四年生くらいの時だったと想います。校内で映画が上映されたことがありました。「空気のなくなる日」という題名だったと記憶しています。

ハレー彗星の地球接近の影響で、空気がなくなってしまう、と大騒ぎになる内容で、結局、空気のなくなる日は来なかったという結末でした。

あるお金持ちが自転車のチューブなどを買い占めしたりして、生きんがための醜い心が表現されていました。映画を見たあと、いろいろと考えさせられた記憶があります。

さて、こうしてみると、食べ物には感謝の想いを持って口にすることはありますが、水や空気への感謝は少ないように想われます。

水や空気はあまりにも身近にありすぎて、しかも空気は目には見えません。本来なら太陽や大地とともに、おおいに感謝しなくてはいけないもの、それは水と空気ということになるでしょう。

五井先生のお言葉に、「呼吸をするのと同じように、神様ありがとうと想いつづけよう」、があったと覚えております

呼吸をする時、意識して空気に感謝することも大切なことと想えてなりません。最低でも一日一回は、このようにして水と空気に感謝しようと心がけております。

ついつい忘れがちになってしまう、水と空気への感謝。こう書きますと、水と空気のありがたさに、神（大自然）への感謝の念が更に湧いてまいります。

む…無限なる命、無限なる健康

なくて七癖《くせ》、という言葉がありますね。ないようにみえても、人間には癖が七つもあるというのです。体だけでなく心の癖もあるからでしょうか。

私の場合は心の癖として、健康への不安がずっとつきまとってきました。なにしろ小学生の頃から成人をすぎても、慢性下痢に悩まされていたのです。とても辛い経験もしています。

ですので、健康への不安の想いは、癖になってしまっていたようです。でも健康になりたいという願いから、いろいろなことを実行したお陰で、今こうして元気でいられるのかもしれません。

話はガラリと変わりますが、ここで宗教の極意について述べます。

その極意とは、「観の転換」といわれております。

普段、なんでもない時でも、何かあった時でも、想いや考え方をパッと変える。何に変えるかというと、神仏への感謝です。

「今、あの世へ召されてもいい、神様（仏様）ありがとうございます」という境地からの感謝だといわれます。

この観の転換方法として、無限なる命とか、無限なる健康という方法が、その力を発揮いたします。西園寺昌美先生のご指導法をご紹介させていただきます。

人間は今までの生活（過去世も含む）習慣（癖）によって、悲観的な想い（マイナス思考）をいっぱいためていることが多いようであります。「あ」の項目で載せました、五井先生の図をご覧ください。潜在意識といわれるものです。

これらの悪い癖をなくし善念を出せるように、無限なる命、無限なる健康を活用するとよいでしょう。

健康への不安が出た時には、すかさず無限なる健康と想い、神仏への感謝と世界平和の祈りをお祈りする。これを根気よくつづけてゆくことが、真の健康への一番の早道であります。

死後のことを含めて命への不安が起きたなら、無限なる命と想い祈り、永遠の命を信ずるとよいでしょう。

愛深い人間になろうとした場合、愛深き私にならしめ給え、無限なる愛と想い祈り、より愛深い自分を求めるとよいでしょう。

この他にも無限なる平和、無限なる調和、無限なる繁栄、無限なる英知、無限なる感謝、無限なるパワー、無限なるエネルギー、無限なる幸せ、などなど、たくさんありますね。

こうして、いろいろなことに対して常に善念を出しつづける生き方ができたならば、ますます充実した人生が送れるものと確信いたしております。

なお、無限なる○○の「無限」は、「永遠」なる○○と置き換えてもさしつかえないものと想っております。

では最後にもうひとつ、無限（永遠）なる祈りを。

世界人類が平和でありますように。

め…目は肝臓、耳は腎臓

目は肝臓、耳は腎臓。何のことかなと想われたことでしょう。これは東洋医学の考え方です。目は肝臓に属し、耳は腎臓に属するといわれております。

人間は年とともに、歯や目から弱ってくるといわれます。もちろん耳もそれに入ることでしょう。

肝腎要《かなめ》という言葉がありますように、肝臓と腎臓はとても大事な臓器です。

ですが、そうはいっても心臓や肺臓の方がより大事ではと想われるお方もおありのことでしょう。確かに、心臓でも肺臓でも完全に止まればアウトです。ただその心臓も肺臓も、肝臓と腎臓の影響を受けているのです。

私の父親が他界した時の死亡診断書にあった病名は心不全でしたが、(肝臓・腎臓の不全による)、とカッコ書きがしてありました。

では、属するとはどういう意味でありましょうか。

正直いって私は不勉強で、詳しく説明することができません。ですので、私の場合は、単純に目は肝臓の働きの影響を受け、耳は腎臓の働きの影響を受けるのだと解釈していま す。

人間は年とともに、五臓六腑の働きが衰えてくるのは事実でしょう。

特に肝臓は解毒作用、腎臓は清浄作用という大事な役目を担っているので、その衰えはいろいろな症状をひきおこします。

肝臓で解毒された物質は、最終的には腎臓でさらに濾《こ》されて体の外へ出されます。その営みが衰えると、どうしても毒素が体に残ってしまいます。

肝臓の解毒作用が弱くなって毒素が残った場合、ツボの関係だと想いますが、目の弱りや病気として出てくる、このように考えています。耳の場合は、これが腎臓の働きと関係しているものと想われます。

他の内臓と器官との関係も、参考までに記してみます。

心臓と舌、膵《すい》臓（胃）と口、肺臓と鼻とが関係しているのだそうです。

膵臓（胃）と口、肺臓と鼻との関係は何となくわかるような気がいたしますね。

さて、肝臓にはいろいろな呼び方があります。血の蔵とか、一大化学工場、それに沈黙の臓器というのが有名ですね。

最近のテレビで、腎臓のことが放送されていました。この腎臓も沈黙の臓器なのだそうです。病気にかかったときに発見が遅れ、手遅れになる場合も多いようです。

肝臓や腎臓にとって食べ物（飲み物）も大切ですが、精神的な面のあり方も大切です。「い」と「ほ」の項目その二で述べましたことを、ご参考になさってください。

先ほどのテレビの話のつづきですが、腎臓が弱ってくると足のふくらはぎがつる、むくむという症状。唇の色が紫になる、まだら模様で白くなる。このような時には、腎臓の病気かもしれません。早目に診てもらった方がよいとのことでした。

ここで、肝腎と味との関係を述べてみます。

肝臓は酸（すっぱい味）、腎臓は塩分（しょっぱい味）と関係しているといわれます。肝臓の場合、すっぱい食べ物や飲み物を摂りすぎて体をこわしたという話はあまり聞きません。体をこわすほど摂れるものではないからでしょう。逆に少なすぎて体をこわすということはあります。「く」の項目をご覧ください。

腎臓と塩分との関係はご存じのことと想います。体はまるっきり塩分なしではだめになるようですが、摂りすぎた場合は大変です。最悪の場合は人工透析になってしまいます。すっぱい物をなるべくたくさん摂るようにしますと、うす味になれてきて、塩分の摂取も少なくてすむようになってきます。

ただし、「く」の項目でも述べましたが、すっぱいものを摂る時は、必ず空腹時をさけて、食中か食後に摂取するようにしてください。

このように食べ物や飲み物にも気をつけながら肝臓と腎臓を守り、元気に生活したいものです。

も…求めよ、さらば与えられん

この項目名、「求めよ、さらば与えられん」はイエス様の言葉です。ご存じのお方も多いことでありましょう。

ここでも五井先生のご著書より引用させていただきます。

『聖書講義』（第一巻〜第三巻）のうち、第一巻よりご紹介させていただきます。

「山上の垂訓」（十二）求めよ、さらば与えられん、より、

「『求めよ、然《さ》らば与へられん。尋ねよ、さらば見出さん。門を叩け、さらば開かれん』全くその通りでありまして、神を求め、尋ね、神の門を叩け、その想念行為が、すなわち祈りなのです。祈り心なくして、いったいどうして神を求め、尋ねることができましょうか。神様！ と呼ぶその心が祈りそのものなのです。

何々してくれ、こうしてくれ、というような必要は実際にはないので、神様を呼びつづけて、神様のみ心と波長が合えば、神様の愛はそのまま流れこんできて、その人に必要な物、事柄を与えて下さるのです。

ですから、深く深く神様を呼び、神のみ心と自分の心との波長を合わせることが必要なのです。求め、尋ね、叩く、その心は祈りそのものであって、神のみ心に通ずる道なのです。その心が純粋であればあるほど、神のみ心深く通じ、その人の光明が増大するのです。

自分が多くの人に愛され、優しくされたければ、人にもそうしてやればよい、自分のした行為はそのまま神のみ心に通じて、自己にかえってくるのである。とイエスもいってい

ます。

求め、尋ね、叩く、その最も深く高いものは、やはり、自己の幸福のためばかりに神を求めるのではなく、世界人類、すべての人びとの幸福の来らんために、求め、尋ね、叩く、祈りであるのです。ただ、神様！　神様！　でも勿論、神のみ心に通じます。しかし、それがもっと深く広い人類愛の心でなされれば、神のみ心深く通じることは当然のことです。

そこで、個人個人の願いごとのような祈り方をするよりも、世界平和の祈りのような、人類愛そのものの祈り言を、すべての信仰者が実行するようになれば、神の光明はどんなに力強くこの地球界に輝き出すことでしょう。その日のくることを私は待ち望んでいるのです」とあります。

個人のこまごまとした願いごとをそっくり世界平和の祈りの中に入れ切ってしまい、毎日を明るく生活できてゆけたらよいですね。

なお、個人的な願いごとをする時には、その願いごとの前に、「願わくば」をつけ加えるとよい。と、お聞きしたことがありました。

や行

や…病は気から

「病は気から」、これは昔からよくいわれています。この気は気持ちの気（想い・心）でありましょう。

気持ちの持ち方次第でなんとかなる、弱気にならないで、気持ちをしっかりもって病気を治してください、などと人を励ます時に多く使われるようです。

「に」の項目でも紹介しました「人間と真実の生き方」から、気についての部分をもう一度述べてみます。

「この世のなかのすべての苦悩は、……」、という部分、その苦悩の中に病気も含まれていることはまちがいないでしょう。それは、「人間の過去世から現在にいたる誤てる想念が、その運命と現われて消えてゆく時に起る姿である」とありました。

この記述からも、やはり病は想念（気）からだということがわかります。

そして、「いかなる苦悩といえど現われれば必ず消えるものであるから、消え去るのであるという強い信念と、今からよくなるのであるという善念を起し、……」とありますように、消え去るという信念と、今からよくなるという善念、この二点が非常に大切なことであります。

「し」の項目、「生老病死を考える」のうち、病の項でも五井先生のお言葉を紹介させていただきました。

もしも病気になってしまったら、この五井先生のお言葉を素直に信じて元気を出し、心の平静を保つよう努めることが、これまた大切なことと想えるのであります。

できれば病気にならない方がいいわけですから、病気は予防する、という心を根本に生きてゆくべきでしょう。

最後に元気という言葉についてですが、元の気ということで、すべての元である神の気（パワー・エネルギー）と解釈できるでしょう。

元気を出すということは、神の分霊《わけみたま》としての気（パワー・エネルギー）を発揮すると解釈してもよいのではないでしょうか。

ゆ…UFO、私は信じます

UFOとは未確認飛行物体の略で、知らない人はほとんどいないことでしょう。

UFOの存在をテレビで議論される番組が時たまありますね。信ずる人は信じ切っていますので、全く信じない人との話がかみ合うことはありません。

現在では映像処理の技術が進んでいますので、偽物のUFOは簡単につくれるようであります。その見分けは難しいようです。

あなたはUFOを信じますか。肯定派、否定派、どっちともいえない。この三つに分かれることでしょう。

よく、この地球人類も宇宙人だなんていわれますが、確かに宇宙人ですね。宇宙人といっても、まだまだ進化途中というか、発展途上の人類といってもよいでしょう。

UFOとは地球外生命（進化した宇宙人）の乗り物と考えられます。UFOは、地球人間の肉眼に見えるように波動を調節して、空飛ぶ円盤のような形で出現しているのではないでしょうか。それを示すように、UFOは、その形も色も、年々いろいろなものが現われているようです。

ではその目的はなんでしょうか?

主なるものとしては、地球人類の進化向上のための援助・協力・指導。その他には地球や人類の視察・調査などもあるようです。また、その存在をアピールしているのだという説もあります。

いずれにしてもUFOに限らず、いろいろな超常現象に関しては、興味本位で求めるのはやめた方がよいとのことです。あくまでも神々への深い感謝の想いを根本におくとよいようです。

手元に村田正雄氏著の、『宇宙人と地球の未来』(白光出版) がございます。副題が「空飛ぶ円盤　金星にとぶ」という、UFOに関する書籍です。

この書の序文の途中からですが引用させていただきます。

「科学も宗教も人類の破滅を警告しております。科学の一つはエネルギーの問題を中心とした見方でありますし、また或る一部の宗教は、大自然の生命の流れに逆らって生き続けて来た人類の業生が根深くて、自己保存の本能は太古の時代より現代に至るまでますます深めて来ている、大いなる生命の流れに沿わないこうした人類のゆき方に、その曲り、歪みを修正する大きな力が働き、それが天変地変となり大災害となって人類の上に降りかかり、また疫病が発生して地球人類は滅亡する、と警告しています。宗教は、人類は自己保存の業生の波が重く重なり、この業生の自重のために滅びてしまう、と警告しているのであります。

こうした人類の業生の流れをよくご存じの神様は、人類が滅亡するのをそのままお見捨てになられるのでしょうか。いや決してそのようなことはありません。オールマイティの神様は、その大愛と深い叡知で新しい人類を創り出そうとしておられるのであります。「世界人類が平和でありますように」……この祈り言を通して、新しき人類の創設を着々と進めておられるのであります。

空飛ぶ円盤の飛行には厖大なエネルギーを要します。円盤は大宇宙を流れている宇宙波をキャッチして、自由自在に星から星へ、地球世界の時間空間を越えて、人類進化のために目覚ましい活動を続けております。

大宇宙の謎の一端、宇宙波受理の秘密が解き明かされるとき、地球人類の意識の革命が起こります。それも遠い夢の世界の出来事ではなく、輝かしき人類の未来図の一端として、宇宙人の手で、その進歩した星の科学とその社会の構造一つ一つが私達人類に教えられるとき、地球人類の未来が展開されてゆくものと確信しております。

その輝かしき地球の未来への道として、一人でも多くの方々が、世界平和の祈りをお祈り下さることを切望申し上げている次第であります」

村田氏の著書にはもうひとつＵＦＯに関するものがありまして、その書名は『空飛ぶ円盤と超科学』（白光出版）です。副題に「金星人とのコンタクトストーリー」とあります。この書の序文に五井先生の文章が掲載されております。ＵＦＯを理解するのに最適なテキストと想われますので、全文を引用させていただきます。

「著者の村田正雄氏は、神霊の世界を自由に行動できる数少い霊能者の一人である。すでに霊界通信に関する著書が数冊あるが、いずれも興味深い読物である。

空飛ぶ円盤の本は、アダムスキーを筆頭にかなり多く出版されているが、真実の話か霊的物語かきめかねる本ばかりである。それはあまりにも、現代の常識を離れすぎた物語だからである。

村田氏のこの著書は、もう十数年以前に書かれたものであるが、やはりあまり現実ばなれしているので、出版するのを今日まで延ばしていたものなのである。しかしそのままにしておくには惜しすぎる、興味津々たる物語なので、編集部のほうで、このへんで出版してみたら、と村田氏に話しかけ、今日、出版の運びとなったものなのである。

この本では、宇宙人の姿形や、円盤についての構造その他、さまざまな地球人間には想像もできない事柄が次々と書かれていて、SF小説として読んでも、次の頁が待ち遠しいほど、心をひっぱりこまれてゆく。著者はこの本は、著者が肉体で経験したことではなく霊体で経験したことを書いている、といっているが、肉体の経験にしろ霊体の経験にしろ、実に面白い興味深い物語であることには変りがない。

今日まで出版されている、空飛ぶ円盤の話とはまた別に、円盤研究家の参考になるところが、多々あるのではないかと思われる。

なんにしても、空飛ぶ円盤を目撃した人が世界各国にある今日、宇宙人の存在を簡単に否定することはできない。私たちはすでに、長年にわたって、宇宙人、宇宙人というより神々といってもいい程の高級な霊人との交流をなしつづけて、科学の研究をしているのだが、村田氏のこの著書は、得難い著書であると思って、読んだものである。

現実世界の眼に見え、手に触れる事柄のみに想いを把われている人々も、是非一読して、この宇宙には種々様々な事件事柄があるのだ、ということを改めて、認識していただきたいと願うものなのである」

ではここで、この書中にある〝空飛ぶ円盤〟断面図から、円盤の内部をのぞいてみることにいたしましょう。

円盤の形・色などは皆さまのご想像におまかせすることにいたします。

それは五層というか、五つの階に区切られております。五階それぞれにある装置名を記してみます。

一階↓1宇宙波受波器　2受信機　3発信機
二階↓4誘導機　5機長椅子　6操縦桿　7受像機　8各種計器箱　9昇降機　29操縦室
三階↓10伸縮自在桿　11増幅機　12蓄電槽　13軸受　19廊下（二一ヵ所）　28休憩室　30増

幅室
四階↓14磁気柱　15誘導体　16放電管　17再生槽　18調節箱　19廊下（四ヵ所）　20誘導体　21放磁器（二ヵ所）　24放磁器筒群　27大広間　31再生室
五階↓22望遠鏡　23映像幕　25階段　26磁石盤（基地格納用）　32観測室　33倉庫。

このように記されております。

重要な装置と想われるものは、機体の中央部に集中しているのが見てとれます。

これまでに何回か述べました宇宙子科学が完成すれば、日本製（地球人類製）のＵＦＯが出現することでありましょう。

「か」の項目、「感謝の想いのエネルギー」のなかに、五井先生のお言葉で「神霊の出現」というのがございました。

このことを考え合わせますと、今後ますますＵＦＯなどが出現する機会が多くなるような気がしてなりません。

〔これからは、天空にご注目！〕

よ…猨明《よあけ》観音と霊光写真

五井先生のご著書に、『天と地をつなぐ者』がございます。五井先生の自叙伝です。そのご著書の自序から、前後を略して引用させていただきます。

「私は自分の体験として、肉体は人間の一つの器《うつわ》であることをはっきり知った。人間という者は霊そのものであり、魂魄《こんぱく》として肉体に働いているものであることも知った。

人間の本体である霊というものは、そのまま神であり、宇宙神の生命の動きのとおりに働きつづけているものであることも知った。そして、人間の一分一秒の歩みでさえも、この大宇宙に影響があり、いかに大事であるかも知った。

人間が肉体のみを人間の全存在として生きるか、肉体を霊の器、神の器として生きるかによって、この人間世界が、そのまま天国ともなり、地獄ともなるものであること、真といい、善といい、美というもすべて肉体にあるのではなく、その魂が、より神に近く、より人類愛的である時に具現されるものであることも知った。

私は、私のとおってきた道そのままを余人にもとおるようすすめはしない。人間各自に、すべてそれぞれの道がある。個人個人が己れにかなった道を、誤またず生きつづけられるよう、神である自己の本体に祈りながら堂々と生活していってもらいたい。なお、天と地をつなぐ者という題名は天（本体）と地（肉体的人間）とを合体させた私の霊的体験によるもので、人間はすべて、そうしたものであることをこの書によって少しでも多くの人に認識していただけたら、と切望しているものである」

次には項目名であります猨明《よあけ》観音に関する文章を、この書の後半部分「苦難の霊的修業」から前後を略しまして、引用させていただきます。

「こんなふうに種々と経験していたが、ある日、床の間に六体ほどおかれてあった仏像の中から青銅の観音像を、

「これは猨明《よあけ》観音といって、私の守護神であるから、この像を私に下さい」

とY氏にむかって突然いい出した。Y氏はつられるように、

「よいでしょう、持っていって下さい」

という。

私は早速その観音像をいただいて、

「ちょっと家にいってきます、移動証明をとってきますから」

といってY氏宅を出ていったが、そのまま再びその家に帰ってはゆかなかった。

自宅へ帰った夜、もらってきた観音像を床の間においた。その六畳の座敷には床の間は東向きに、仏壇が南向きにおかれていて、就寝前には母は仏壇にむかって念仏を唱え、私は黙って瞑想するならわしになっていた。その夜も私は瞑想に入り、母は仏壇に線香を焚いて念仏をはじめた。しばらくすると母が急に念仏をやめて、

「不思議だよ昌久、お線香の煙が光ってまっすぐ観音様につながってしまったよ」

と驚いたようにいう。私も眼をあけて観音象のほうをみると、なるほど母のいうとおり、高い仏壇の位置から線香の青い煙が、光り輝いて低い床の間におかれた観音像に一尺位の幅をもった直線になって、つながっているのである。確かに不思議なことである。

しかし私はもう不思議にはなれているので驚きもせず、ああして人の所有物を突然もらってしまったのだから、何か私にゆかりある仏像に違いない。猋明《よあけ》観音といって私の守護神ということだったが、と心の中でそのわけを聞いてみると、

「この観音像は夜明《よあけ》観音というあなたの役目を象徴してつくられた像で、あなたの祖先ゆかりのものであるから、Y氏からもらってきたのである。夜に犭《けもの》へんがつくのは、現在はけだもののような暗黒の世界だという意味で、そうした夜を一日も早く明るくしようという夜明の役目をする観世音菩薩の働きが、今にあなたにも現われるのだ。線香が光り輝いて観音像につながったのは、祖先の喜びの心が線香の煙にのって現われたのだ」

という説明があった。

霊現象について経験のないものには、実に変な話に聞えるが、こういうような事実はかなりあるのである。

その夜はそのまま寝てしまったが、その翌日からが、私にとって生と死と、真と狂との実に苦しい試練の何ヶ月かに入ってゆくのである」

ここに記されている試練とは、普通の生活のなかで想念を停止するという修業だったようであります。

起きているのに想いをなくするという修業ですから、その辛さといったら本当に大変なことだったでしょう。

ここで、この猊明《よあけ》観音と関係の深い霊光写真について述べることにいたします。

心霊写真だなんていって、少し怖い写真がテレビなどで取り上げられていますね。

それらとは全く別の次元の不思議な写真、それが霊光写真と呼ばれるものです。その霊光写真についての説明文を記します。

御守札（霊光写真について）

この写真は、市川市在住の島田重光氏が、同氏の家の門の前に、何気なく立っていらっした五井先生を写したもので、肉体は見えず光体だけが写っている。見る人によると、円光の中に先生の姿が見えたり、神仏またはキリストなどの姿が見えたりする、といって信徒の方々がお守札にしているものである。

心霊研究が進むにつれ、霊媒のエクトプラズムによる心霊写真が数多く紹介され、科学界に奇異の感じを与えているが、この写真はそれらとはまた意味が違っている。

写真はレンズを通して、光の波を乾板に作用さして、その明暗の差をとらえ、形に現わすものである。今、鏡を持ってきて、何かをうつしたとする場合、物体の光波が鏡に反射して、あたかもそこに物体があるように見えるが、鏡の中に人物や景色があるわけではなく、光波のみが存在するだけなのである。しかし物体と鏡との間にある光波は肉眼では視ることが出来ない。テレビジョン、ラジオなどもこれと同じ理で、途中に存在する電波はわれわれの感覚にふれないが、放送中は充満しているわけである。

感覚には触れないけれど、人間には各人各様の光波を絶えず出しているものなのである。五井先生のような霊覚者は神の愛、仏の慈悲そのもののような強力な霊波をつねに放射されているのであって、肉体より霊波のほうが強力な場合、その霊波が乾板やフィルムに作用して、一見不可解なる影像を写し出すのである。近来、光学の進歩著しく、レンズ、フィルムなどの感度が非常に鋭敏になった結果、われわれの肉眼に見えない極小の微生物などから、望遠鏡でも捕捉しがたい天体の星に至るまで、写真は鮮明に映し出しているのである。

太陽が輝いている時、星の光は肉眼に見えないように、霊光が強力な時に、肉体の波動が霊光におおわれて写らなくとも、不思議ではないのである。

これを宗教的に見るならば、五井先生を通じて、つねに人類を救い給う神のお働き、観世音菩薩、大日如来が衆生済度のためにお姿を客観化されたものと拝せられるのである。

それだからこそ、ご守護のためにお守札として、この霊光写真を持っている人の病気が治ったり、災難をのがれたり、運が開いたり、また他の人を救うなどの奇蹟が現われるのである。

世界人類が平和でありますように。

このように説明される霊光写真の裏面には、猋明《よあけ》観音が図案化され印刷されています。今までに見たことのない不思議な像であります。

説明文のとおり、霊光写真はもの凄い霊力を発揮しているものと考えられます。「た」の項目で大難が無難ですんだことを記しましたが、出かける時は必ず、霊光写真を免許証といっしょに携帯しております。

この文を読まれ、霊光写真に関心を持たれたお方も多いことと想われます。会のことは「せ」の項目、「世界平和の祈り（その一）」の最後に連絡先ともども紹介してありますので、お問い合わせくださいませ。

ら行

ら…来世を信じ、命儲《もう》けを

死後（幽界・霊界）の世界を来世といってもよいでしょう。

死後の世界を信じる人、信じない人、半信半疑の人……。いろいろあることでしょう。

読者の皆さまはいかがでしょうか。

まだ科学で証明されていないわけですから、信じない人がたくさんいてもおかしくはありませんね。

「人間、死んだらどうなるのか」

人類すべてにとって永遠のテーマでありましょう。

私の小学四年の時の担任は、若い男の先生でした。

「人間、死ぬことを考えると、まったくいやになるね」と、授業中にぼやいたことがありました。一回だけではなかったような記憶があります。

それを聞いた私は、子ども心にショックを受けました。

その頃よく映画を観にいっていたので、昭和二十五年（一九五〇年）に始まった朝鮮戦争のニュース映画をみるにつけ、戦争、死などと、いろいろ考え出したように記憶しております。

高校生の頃にはいろいろな本を読んで、死についてや、人間としての生き方をおおいに考えたものでありました。

でもいくら考えたって、そう簡単に答えが出るわけもありません。

高卒後八年たって、日本指圧学校入学直前に、ついにそれらの答えを出してくれている本に出合うことができました。

五井昌久著『霊性の開発』という本でした。このご著書をご縁として、五井先生のみ教えを信じ、世界平和の祈りをお祈りするようになったのでありました。

死について五井先生は、「人間が死ぬということは、別の世界（幽界・霊界）への誕生である」と、説明されております。

また、「あの世へ往《い》って生きるから往生という」ともいわれておりました。

人間は死後、俗にいう四十九日まではこの世（幽界）にいて、それを過ぎますと仏になるといわれますが、霊界に移り、さらなる高みを目ざして修業をするようになっているようであります。

そのようなわけですので、死んだら何もなくなってしまう、なんて想わずに、永遠なる命を信じつつ、明るく生活してゆきたいものですね。

やがて宇宙子科学が完成し、死後の世界が解明されれば、今までの疑問はすべて解決することでありましょう。

それまでは五井先生のお言葉を素直に信じるのが一番かと想います。

信ず（じ）る者と書いて、儲《もう》かるとか、儲《もう》けるといいますよね。

永遠の命を信じて、「命儲け」をなされますようお祈りいたしております。

り…理想の死に方

ずっと以前のことですが、NHK教育テレビを見ていたら、老人問題の番組のなかで、理想的な死に方について放送していました。

理想的な死に方には次の三点があり、
一、いつも生活している畳の上で
二、家族に看取られながら
三、苦しまないで楽に
と、いうものだそうです。

いわれてみればまさにそのとおりであり、こういう死に方だったらいうことありませんね。でもそれはあくまでも理想であって、現実にはなかなかこうはいかないことでありましょう。

他にも理想的な死に方というのがあります。死ぬ前日、または当日まで元気に働いていて、ポックリあの世へというのがそれです。

もちろん若死にではなく、まあまあという年まで生きてのことではありましょう。これとは反対に長生きできたとしても、長い間床についていたり、激しい痛みに苦しみながら死んでゆく、なんていう最後は誰も望んではいないことでしょう。

ではまたここで、死に関する五井先生のお言葉を述べてみます。『神と人間』四の、守護霊、守護神についての中の一部です。

「もっと端的にいえば、分霊が上着である肉体をぬぎ捨てたのであり、着手《きて》のなくなった上衣は、もう必要がなくなって焼かれてしまった、といえるのである。

上衣が破れたからといって、着手が滅びてしまった、という人はいない。ただ着手であり中味である分霊が、下着である幽体を着けたまゝ、別の界層に転移した、ということなのである。いいかえると、真の人間は死滅したのではなく、肉体界を離れたのみである。私はこの肉体要素を魄《はく》とよんでいる」とあります。

それから、死後の世界（幽界・霊界）のことを、「次元はちがうけれども、夢の世界と同じようなものと考えてもよいでしょう」というお話をお聞きした記憶がございます。

死については、もっと真剣に考える必要があるような気がいたします。死を真剣に考えることによって、生あることのありがたさが感じられ、生きているという悦びに、一日一日を大切にする充実した毎日が送れるのではないでしょうか。

死はその人の人生のしめくくりです。あの世の存在を信じ、守護霊・守護神様への感謝の想いで、世界平和の祈りを祈りながらあの世への旅立ちができたなら、それは最高、一番理想の死に方といえるのではないでしょうか。私はそう強く想っております。

る…類は友を呼ぶ

「せ」の項目、「世界平和の祈り（その一、その二）」で、世界平和の祈りのことを記しました。

その中で世界平和の祈りは、国境を超え、人種を超え、宗教・宗派をも超え、全人類の平和への「合い言葉」ともいえるものである、とご紹介いたしました。

手元に、『白光』（平成二十八年八月号）がございます。

この年の五月十五日、白光真宏会の富士聖地で開催された第十二回の、「シンフォニー・オブ・ピース・プレヤーズ」の特集が掲載されております。

ではその内容をいくつか記してみることにいたします。

先ほどの行事名は、日本語で世界平和交響曲～宗教・宗派を超えて、共に世界の平和を祈る～といいます。

そのプログラムを記してみます。

オープニング
開会の挨拶
各宗教・宗派の平和の祈り
来賓紹介
来賓挨拶
ソウル・オブ・ウィメン「神聖なる女性性の復活」
グローバル・メディテーション

ジェームス・トワイマン氏による演奏
世界各国の国旗入場
世界各国語による世界各国の平和の祈り
地球世界への感謝
閉会の挨拶
フィナーレ
閉会

このうち三番目の、各宗教・宗派の平和の祈りについて述べてみます。
掲載順に、宗教・宗派名と発表されました方々のお名前を記します。なお、内容につきましては省略させていただきます。

イスラム教　スーフィズム
イスラム神秘主義　スーフィーリーダー
フマユン・A．ムガール氏

キリスト教　カトリック
フランコ・ソットコルノラ神父
ユダヤ教
マーク・N・ザイオン氏
神道
日鷲神社　宮司　西山典友氏
仏教
公益財団法人国際科学振興財団バイオ研究所　特任研究員　元高野山大学密教文化研究所所長　中村本然氏
シーク教
サダ・アナンド・シング・カルサ氏
ヒンズー教
ヒンズー教の実践的な指導者　キラン・バリ氏
白光真宏会
白光真宏会　会長　西園寺昌美氏

以上八名の方々であります。

次にプログラムの十番目「世界各国語による世界各国の平和の祈り」を見てみましょう。

1から194までありますが、前三つと後三つの国名と国語を記してみます。（　）内が国語です。

1アフガニスタン・イスラム共和国（パシュトゥ語ダリー語）
2アルバニア共和国（アルバニア語）
3アルジェリア民主人民共和国（アラビア語）
192ザンビア共和国（英語）
193ジンバブエ共和国（ショナ語ンデベレ語）
194その他のすべての地域（英語）

という内容であります。

そしてこの日は、「シンフォニー・オブ・ピース・プレヤーズ（SOPP）」にあわせて、世界の100ヵ国以上で、多くの人々が世界平和の祈りを祈ったと記されております。

まさに「類は友を呼ぶ」、そのとおりの現象が起き、年々その数を増しているのであります。

日本国内の支部・集会所の一覧表を見ても、北は北海道の稚内から南は沖縄県の宮古島までかなりの数の集会所が記されています。

外国にも支部や集会所がありますが、ここでは省略させていただきます。

このように見てまいりますと、類は友を呼ぶという言葉どおりに、世界平和の祈りが全世界に広まっている様子がおわかりのことと想います。

なお、支部や集会所についてのお問い合わせは、「せ」の項目「世界平和の祈り（その一）」の最後に記しました、白光真宏会までお願い申し上げます。

れ…霊界テレビができたなら

今までの記述の中で、何回か宇宙子科学のことが出てまいりました。

宇宙子科学は大調和科学ともいわれるように、すべてを調和させる、すべてを平和にする科学といってもよいでしょう。

その宇宙子科学はいまだ完成に至ってはいませんが、その完成が一日も早からんことを願いつつ、私たちは世界平和の祈りを実践しているわけであります。

さて、手元に宇宙子波動生命物理学に関する絵図面がございます。

その図面の解説として、故斎藤秀雄氏の文章がございますので、前後を略させていただき引用させていただきます。

「その完成の暁には、精神と物質の構成を変化出来る宇宙子の波動調整器（、印は筆者付記）が出来て、先ず人類社会から一切の病気を一掃し、生産手段の大革命により衣食住の安定を計り、進んで貧困という社会悪も、人類最大の不幸を生む戦争も、この地球上から追放することが出来るでしょう。

又、この世とあの世との次元の相違を科学的に克服し、幽界、霊界、神界との通信、交流が自由に行われるようになれば、人類最大の苦悩である死の恐怖を一掃し、ここに初めて愛と平和の理想社会を実現することが出来るでしょう。

世界人類が平和でありますように、という平和の祈りに徹した宗教精神より生れたこの偉大なる科学の完成なくしては、全人類を滅亡の渕より救い、平和世界を建設することは不可能であります。

ここに祈りによる平和運動に参加している多くの同志の一人一人が、何はおいても先ず自覚せねばならぬ、その使命の重大さがあるのであります」

この文章の始めのほうに、宇宙子の波動調整器という言葉が出てまいりました。

科学の発達により、マクロといって宏大な宇宙、ミクロといって極小の世界が映像となって発表されている昨今であります。

先ほどの宇宙子の波動調整器は、肉眼では見えない世界（幽界・霊界）を映し出すことができる機器（テレビなど）に応用されることでありましょう。

他界した親や兄弟姉妹、友人・知人に会いたくなったとか、霊界のどのようなところで修行しているのかなあと想った時、霊界テレビが教えてくれたなら、なんとすばらしいことは想いませんか。

パソコンを扱うように、氏名を入力しキーをポン。そうすると見たい人がテレビに映って出てくる。これが実現すれば、死後の世界を否定することなどとてもできなくなりますね。

先の大震災による原発の破壊によって放出された放射線も、波動調整器によって消滅させることもできるでしょう。

また核兵器の機能さえも消滅させることができれば、それこそ核戦争の危機もなくなり、完全な世界平和が実現してくることはまちがいのないことでありましょう。

これも何回か述べましたが、世界平和の祈りを祈る人が増えれば増えるほど、宇宙子科学の完成が早まるとのこと。

全人類の平和・完全なる世界の平和を実現させようとするならば、どうぞ世界平和の祈りを日常生活の中に取り入れてみてはいかがでしょうか。

ろ…その一、老化防止は片足立ちで

「老化は足から」、よくいわれている言葉です。私の仕事の体験から述べてみましょう。

本当に老化は足からきます。

まっすぐに立つ力が衰えてきます。足の力が弱くなってしまうからです。

ずっと以前のことですが、「直立能力」という言葉を聞いたことがあります。

故平澤彌一郎工学博士のお言葉でした。氏は足裏の研究で有名な先生でありました。

人間は直立能力、つまりまっすぐに立てる力が大切だ、ということです。

「け」の項目「健康の条件とは」で述べましたように、お尻の筋肉が硬くなってしまったり、下半身の筋力が弱くなってしまうと、まっすぐに立てなくなってしまいます。

先ほどの「直立能力」が低下した状態であるといってもよいでしょう。

ですから、その足の筋肉を鍛えて直立能力を高めておくということが、一番大切なことなのであります。

その鍛え方ですが、私が自信をもっておすすめしたいことがあります。それが「片足立ち」です。

ではその方法などを述べることにいたします。

なお、片足立ちを実行する前に、「え」の項目で述べてあります注意事項を、よくお読みになられますようお願いいたします。

まず平らな場所を選びます。すべりやすい場所はさけたほうがよいでしょう。家の中でも屋外でもできます。くつなどをはいていても実行できます。

立つ時に、手で軽くふれるものがあるとよいでしょう。柱やいすの背もたれなどです。肩幅ぐらいに足を開いて胸を張り、まっすぐ前を見て立ちます。どちらが先でもよいですから、片方の足を浮かせます。これで片足で立つことになりますね。

この時、膝の裏をピッと伸ばすようにして立つのがコツです。

このように立ちますと、自然にお尻の筋肉にも力が入っていることと想います。

足の弱い人の場合、二十秒～三十秒くらいから始めて、だんだん時間を長くしていってください。

一分くらいが基本です。片足がすんだら足を変えて実行いたします。たったこれだけという簡単さです。これを一日に三回やったとしても、一日六分ですむということになります。

行なう時間については、各自いろいろ試してみて、自分に合う時間をさがすのもよいでしょう。

ただし、長い時間立とうとして無理な立ち方は決してしないでください。鍛えるつもりで逆に筋肉などを痛めてしまっては何にもなりません。

片足立ちを実行しますと、各関節が柔らかくなり、各筋肉が強い力を出せる体にいっぺんに変化いたします。

東洋医学的な見方をしますと、腎臓をはじめ他の内臓のツボが刺激される結果、体が良い方に変化するということであります。

最近、「転倒防止」のことがいわれていますね。この片足立ちは、転倒防止に大いに役立つものと確信いたしております。

人間はどんなに健康であっても、いつかは立てなくなってしまう日がやって来ます。その日が少しでも遅くなるよう片足立ちで脚力（直立能力）を鍛え、一日でも長生きをし、少しでも多く世界平和の祈りを祈り、世界平和実現のために貢献したいものであります。

ろ…その二、老子の物凄さ

老子は昔の中国の思想家です（宗教家といったほうがいいのかもしれません）。同じ中国の人では、孔子様の方が名前が通っているようにも想われますが、いかがでしょうか。

さてその老子を、五井先生はどのように表わしておられるかを、ご著書『老子講義』序文よりご紹介させていただきます。

序文

空の中から
ぽっかり姿を現わし
永遠の生命をそのまゝ生きる
真の自由人老子

道を説きながら道を超え
光に住して光にも把われぬ
空々寂々空寂々
自由無礙にして無為
その心
測り知れず深く
果しなく広く
その力
時空を超越して魂をゆさぶり
宇宙の根源に人間を直結させる

今老子我がうちに在り
無限のひゞきをもって我れに迫る

この詩のように老子こそ、神人であり、真の自由人であるのです。今日の自由主義とか民主主義とか云うものは、老子の在り方からみれば、雲泥万里の相違があります。

真の自由を得たいならば、どうしても、老子の説きつゞけている無為の道に徹しきらねばなりません。人が無為の生き方に徹しきった時、真に自由無礙、自由自在心として、天地を貫く生き方ができるのです。

私は現代の知識をうとんずる者ではありませんが、人類世界を今日のように存在せしめている、宇宙の根本の相《すがた》、生命の根源の力の方には想いをむけず、只単に枝葉として現われている現象の姿のみを把える、学問知識にはあきたらないものなのです。

頭脳知識で、いちいち考え考え生きなければ、この人生が生きられぬと思いこんでいる現代の知性人たちにとって、最も必要なのは、この老子の生き方なのです。現代人はあまりにも枝葉末節的なことに把われ過ぎて、一番大事なことを忘れているのです。

その一番大事なものごとを、老子は光り輝く言葉で、説き来り説き去っているのでありあます。私はそうした老子の言葉を、どのような立場の人にでも判り易いようにと、私流に嚙みくだいて解釈しているのです。

この老子講義が、読む人の本心の開発に役立ち、宇宙根源のひゞきを直覚できる人になって下さったら、幸いである、と思っている次第なのです。

いかがでしょうか。老子が単なる思想家・宗教家ではなかったことが、この序文から読みとれることとでありましょう。

では次に本文より、老子と世界平和の祈りとの関連を記してみたいと想います。

第十六講　大象を執りて天下に往けば……道徳経三十五章より引用いたします。原文は略させていただき、読み方から記しています。

〔読み方〕

大象《たいぞう》を執《と》りて天下に往《ゆ》けば、往《ゆ》いて而《しか》して害あらず、安平大《あんへいだい》なり。楽《がく》と餌《じ》とは、過客止《くわかくとど》まる。道の口より出《い》づるは、淡乎《たんこ》として其《そ》れ味《あじわい》無し。之《これ》を視《み》れども見るに足らず。之《これ》を聴《き》けども聞くに足らず。之を用《もち》うれば既《つ》くす可《べ》からず。

この部分を解説したもののうち、之を視れども見るに足らず、之を聴きけども聞くに足らず、之を用もちうれば既つくす可からず。という部分についての、途中から最後までを引用させていただきます。

「皆さんは、老子が昔の昔中国にいた聖者であった、という想いを捨てなければなりません。老子は今救世の大光明の中で、その烈しい強い光明波動を皆さんの一人一人に送りこんでいるのであります。

老子は生き生きと生きているのです。大道の中心に立って、房々とした白光の白髪をなびかせて、皆さんの心の中をじっとみつめているのであります。

淡乎《たんこ》として味《あじわい》無《な》き言葉を、深い味《あじわ》いとして心に沁みて受け止めているかな、そうした人々が何人あるかなあ、とじっとみつめているのです。

老子の言葉は凡にして深く、深遠にして、しかも日常茶飯事の行ないの中に行為し得るのであります。

大道は言葉そのものではない、之を用《もち》うれば既《つ》くす可《べ》からず。之を行為として現わした時に妙々として人々の心を打ち、人類の道を光り輝やかせるのであります。

先ず自らの肉体身に感謝せよ。大地に水に空気に感謝せよ、すべてのものへの感謝行を第一にして、自らの第一歩を踏み出し、第二歩を踏みしめてゆく、という平凡にして非凡なる感謝行の生活を、老子講義を読まれる方は先ず第一にして頂きたいと思うのであります。この感謝行の中から、神との一体化が巧まずして為されてゆくのです。

理論的に哲学的に頭をひねくりまわすより、感謝行の生活から、理論を生み出し哲学を打ち出していったらよいと思うのです。行為は何ものよりも大事です。行為のない理論は死物です。

老子は行為の人であり、私も行為をもって尊しとしている一人であります。感謝の行為と愛の行為こそ、この地球人類を平和にする基本的な行為です。

そして、この感謝の行為と愛の行為とを一つにしての行為が、世界平和の祈りなのであります。世界人類が平和でありますように、という祈り言葉と、守護神、守護霊への感謝の言葉、これこそ、やがて世界平和を導き出す、大事な大事な祈り言なのであります。

老子講義の時に何故いつも世界平和の祈り言を出すかといいますと、この世界平和の祈りの中心者の一人は老子そのものでもあるからなのです。

このことはやがてはっきり現実的に現わされてゆくことでありましょう。私共は手をたずさえて、大象を執りて、天下を往《ゆ》こうではありませんか、そうすれば、往いて而して害あらず、安平大なり、なのであります。安平大なり即ち世界が平和になるということなのであります」

老子の物凄さがよくおわかりいただけたことと想います。

老子の心を己が心として、堂々として生きてゆけたら最高ですね。

世界人類が平和でありますように、こう祈ると老子といっしょ。このすばらしい事実に感謝しつつこの項を終えます。

わ行

わ…我即神也と人類即神也

一番はじめの「あ」の項目で、五井先生の『神と人間』をご紹介させていただきました。そして、ようやく最後のわ行、「わ」の項目にたどりつくことができました。

この項目名、「我即神也と人類即神也」は、ともに西園寺昌美先生のご指導によるものであります。

この両方ともに英語による表記がありますが、いずれも省略させていただきます。ではさっそく記してみます。『白光』より引用します。

我即神也《われそくかみなり》

　私《わたくし》が語《かた》る言葉《ことば》は、神《かみ》そのものの言葉《ことば》であり、私《わたくし》が発《はっ》する想念《そうねん》は、神《かみ》そのものの想念《そうねん》であり、私《わたくし》が表《あらわ》す行為《こうい》は、神《かみ》そのものの行為《こうい》である。

即《すなわ》ち、神《かみ》の言葉《ことば》、神《かみ》の想念《そうねん》、神《かみ》の行為《こうい》とは、あふれ出《で》る、無限《むげん》なる愛《あい》、無限《むげん》なる叡智《えいち》、無限《むげん》なる歓喜《かんき》、無限《むげん》なる幸《しあわ》せ、無限《むげん》なる感謝《かんしゃ》、無限《むげん》なる生命《いのち》、無限《むげん》なる健康《けんこう》、無限《むげん》なる光《ひかり》、無限《むげん》なるエネルギー、無限《むげん》なるパワー、無限《むげん》なる成功《せいこう》、無限《むげん》なる供給《きょうきゅう》……そのものである。それのみである。

故《ゆえ》に、我即神也《われそくかみなり》、私《わたくし》は神《かみ》そのものを語《かた》り、念《ねん》じ、行為《こうい》するのである。

人《ひと》が自分《じぶん》を見《み》て、「吾《われ》は神《かみ》を見《み》たる」と、思《おも》わず思《おも》わせるだけの自分《じぶん》を磨《みが》き高《たか》め上《あ》げ、神《かみ》そのものとなるのである。

　私《わたくし》を見《み》たものは、即《すなわ》ち神《かみ》を見《み》たのである。私《わたくし》は光《ひか》り輝《かがや》き、人類《じんるい》に、いと高《たか》き神《かみ》の無限《むげん》なる愛《あい》を放《はな》ちつづけるのである。


　これが我即神也であります。

　文中、無限なるエネルギー、無限なるパワーとありました。「き」の項目その二「氣の実験と応用編」をふり返ってみてください。

世界平和の祈りを祈っている時、守護の神霊に感謝している時、人間はすばらしいエネルギー・パワーを出していることを知りました。

世界人類の一人一人がこのような生き方をするならば、即世界平和が実現するのはまちがいのないことでしょうが、あとは時間の問題、ということでありましょう。


では次に人類即神也に移ります。

人類即神也《じんるいそくかみなり》

私《わたくし》が語《かた》ること、想《おも》うこと、表《あらわ》すことは、すべて人類《じんるい》のことのみ。人類《じんるい》の幸《しあわ》せのみ。人《じん》類《るい》の平和《へいわ》のみ。人類《じんるい》が真理《しんり》に目覚《めざ》めることのみ。

故《ゆえ》に、私《わたくし》個《こ》に関《かん》する一切《いっさい》の言葉《ことば》、想念《そうねん》、行為《こうい》に私心《ししん》なし、自我《じが》なし、対立《たいりつ》なし。すべては宇宙《うちゅう》そのもの、光《ひかり》そのもの、真理《しんり》そのもの、神《かみ》の存在《そんざい》そのものなり。

地球上《ちきゅうじょう》に生《しょう》ずるいかなる天変地変《てんぺんちへん》、環境《かんきょう》汚染《おせん》、飢餓《きが》、病気《びょうき》……これらすべて「人類《じんるい》即神也《そくかみなり》」を顕《あらわ》すためのプロセスなり。

世界中《せかいじゅう》で繰《く》り広《ひろ》げられる戦争《せんそう》、民族紛争《みんぞくふんそう》、宗教対立《しゅうきょうたいりつ》……これらも又《また》すべて「人類即神《じんるいそくかみ》也《なり》」を顕《あらわ》すためのプロセスなり。

故《ゆえ》に、いかなる地球上《ちきゅうじょう》の出来事《できごと》、状況《じょうきょう》、ニュース、情報《じょうほう》に対《たい》しても、又《また》、人類《じんるい》の様々《さまざま》なる生《い》き方《かた》、想念《そうねん》、行為《こうい》に対《たい》しても、且《か》つ又《また》、小智才覚《しょうちさいかく》により神域《しんいき》を汚《けが》してしまっている発明発見《はつめいはっけん》に対《たい》してさえも、これらすべて「人類即神也《じんるいそくかみなり》」を顕《あらわ》すためのプロセスとして、いかなる批判《ひはん》、非難《ひなん》、評価《ひょうか》も下《くだ》さず、それらに対《たい》して何《なん》ら一切関知《いっさいかんち》せず。

私《わたくし》は只《ただ》ひたすら人類《じんるい》に対《たい》して、神《かみ》の無限《むげん》なる愛《あい》と赦《ゆる》しと慈《いつく》しみを与《あた》えつづけ、人類《じんるい》すべてが真理《しんり》に目覚《めざ》めるその時《とき》に至《いた》るまで、人類一人一人《じんるいひとりひとり》に代《か》わって「人類即神也《じんるいそくかみなり》」の印《いん》を組《く》みつづけるのである。

これが人類即神也であります。

「に」の項目で、五井先生のみ教えの中心であります「人間と真実の生き方」を記しました。

この我即神也と人類即神也は、「人間と真実の生き方」をさらに詳しく確実に実行、実現させるために西園寺昌美先生がご指導されたものであります。

ところで、五井先生は仏像の彫刻と世界平和を、次のようなたとえ話で述べておられました。

木の仏像を彫ろうとする場合、必ず木屑《きくず》が出ます。その木屑がこの地球上に次々と現われてくるいろいろな現象であります。

やがて木屑が出つくして無くなれば、そこに現われてくるものは仏様、つまり世界平和である、ということです。

このたとえ話は、特に人類即神也の内容にぴったり、と、そのように感じられるのであります。

最後に、拙書をお読みになられましたことを機に、読者の皆さまがひとりでも多く、世界平和の祈りを実践なされますよう心よりお願い申し上げる次第であります。

最後までお読みいただきまして、誠にありがとうございます。

この辺で筆を置くことにいたします。

合掌。

おわりに

五井先生のみ教えは、小学生の頃よりいろいろ考えつづけてきた私にとって、すべて納得できることばかりでした。

「はじめに」でも述べましたように、知り得たことをしまっておけない性分であるため、この書が世に出たということになるのでありましょう。

五井先生は、「信ずることは知っていることと同じである」と述べておられました。このお言葉を信じつつ、五井先生・西園寺昌美先生のみ教えを、自信をもって縷縷《るる》述べてまいりました。

五井先生はまた、非常識な生き方は論外だが、常識的な生き方だけでは世界平和への歩みがなかなか進まない、それには、超常識をもって、ごく常識的に生きることが大切であるとも説いておられました。

本書には、今日の常識では「?・」マークがつきそうな事柄が次々と出てまいりました。「氣の実験と応用編」や、各運動の効果をお客さんにお教えする時など、教える側の私でさえ、人間の心や体は本当に不思議だなあと、いつも思っている次第です。

でも、やがて宇宙子科学が完成された暁には、これらのことは不思議でも何でもなくなるでありましょう。

もし、自然科学の各分野の先生方で、拙書をお読みになられましたあと、興味をもたれました事柄がございましたら、できる限りのご協力をさせていただきますので、出版社を通してご連絡いただけましたなら幸いでございます。

宇宙子科学完成までの一過程として、特に「氣の実験と応用編」の内容が詳しく発表することがかなえば、人類社会への貢献度は大——こういうことになろうかと存じております。

それから、「氣の実験と応用編」に関することや、各運動の詳しい効果などについて、じかにお知りになりたいというグループ等がございましたら、やはり出版社を通してご連絡くださいませ。できる限りご要望にお応えいたしたいと思っております。

わかったようなわからないような、ちょっと変わった拙書を、最後までお読みいただきましたことに深く感謝申し上げます。

では、最後に、読者の皆さま方のご健康とお幸せを願いつつ、心をこめて——。

世界人類が平和でありますように。

引用・参考文献

『老子講義』（五井昌久著・白光出版）
『果因説』（西園寺昌美著・白光出版）
『神と人間』（五井昌久著・白光出版）
『図説東洋医学』（山田光胤、代田文彦著・学習研究社）
『白光日めくり』（白光出版）
『人類の未来』（五井昌久著・白光出版）
『信仰と直観』（五井昌久著・白光出版）
『科学百科』（岩波書店）
『アイウエオの神秘コトバの原典』（松下井知夫、大平圭拮著・東明社）
『氣の威力』（藤平光一著・講談社）
『大辞泉』（小学館）
『かくて地球は蘇る』（西園寺昌美著・白光出版）
『ほんとうの時代』（平成二年十二月号・ＰＨＰ研究所）
『白光』（昭和四十九年十一月号・白光出版）

『私の霊界通信第二巻』（村田正雄著・白光出版）
『50歳からは炭水化物をやめなさい』（藤田紘一郎著・大和書房）
『霊性の開発』（五井昌久著・白光出版）
『釈迦とその弟子』（五井昌久著・白光出版）
『疲れ知らずのネバネバ料理』（料理、浜内千波・編集人、山田のりこ・グラフ社）
『運勢鑑定開発足相術』（今泉天心著・霞ヶ関書房）
『油が決める健康革命』（釣部人裕著・ダイナミックセラーズ出版）
『五井昌久全集13』（五井昌久著・白光出版）
『日々の指針』（西園寺昌美著・白光出版）
『聖書講義・第一巻』（五井昌久著・白光出版）
『宇宙人と地球の未来』（村田正雄著・白光出版）
『空飛ぶ円盤と超科学』（村田正雄著・白光出版）
『天と地をつなぐ者』（五井昌久著・白光出版）
『白光』（平成二十八年八月号・白光出版）
『宇宙子科学・図面の解説』（文責　斎藤秀雄）

〈著者プロフィール〉

平石富三（ひらいし　とみぞう）

1941年（昭和16年）、栃木県生まれ。高校卒業後、８年間会社勤めを経験。

1968年（昭和43年）、日本指圧学校（現、日本指圧専門学校）入学。

1970年（昭和45年）、指圧治療院を開業、現在に至る。

日本指圧協会元栃木支部長。栃木県指圧師会元会長。白光真宏会会員。指圧師・生命波動研究家。

このパワーをあなたに　毎日できる健康生活法

2017年10月12日　初版第１刷発行

著　者／平石富三
発行者／韮澤潤一郎
発行所／株式会社たま出版
〒160-0004 東京都新宿区四谷4-28-20
☎ 03-5369-3051（代表）
http://tamabook.com
振　替　00130-5-94804
組　版／一企画
印刷所　株式会社エーヴィスシステムズ

ISBN978-4-8127-0408-0 C0011